罪惡雙簧

夫妻檔與女殺手的案件解謎

Villains and Couples

10 起雙人行凶 × 7 位殘暴惡女 × 2 椿未解懸案
從搭檔身上找到歸屬感，支撐她們踏上謀殺的不歸路

| 巴托里伯爵夫人 | 血……我需要更多純潔少女的鮮血！
| 瑪麗貝斯・泰寧 | 每生一個孩子，就想著怎麼弄死他
| 韋斯特夫婦 | 只要丈夫開心，就算父女亂倫又怎樣？

凝視深淵 著

情慾與變態心理交織，最後編成了犯罪的大網
她們渴望社會的認同，也恣意享受殺人的快感

目錄

007	19世紀的惡魔家族 ── 本德家族
021	割下罪犯的衣服留作紀念 ── 克萊德・巴羅和邦妮・帕克
041	將單身女人通通殺掉 ── 雷蒙德・費爾南德茲和瑪莎・貝克
051	英國服刑時間最長的罪犯 ── 伊恩・布雷迪與米拉・韓德麗
067	在監獄裡密謀犯罪 ── 勞倫斯・彼泰克與羅伊・諾里斯
083	令人心驚的完全依賴 ── 大衛・伯尼和凱薩琳
101	擁有天使面孔的夫妻殺手 ── 保羅・伯納德和卡菈・哈莫卡

目錄

117	連自己的孩子都不放過 ── 韋斯特夫婦
131	凶手的年齡只有 10 歲 ── 喬恩·韋納和羅伯特·湯普森
147	為夫獵豔殺人的孕婦 ── 米歇爾·富爾尼雷和莫妮克·奧利維爾
165	在鮮血中沐浴的伯爵夫人 ── 巴托里·伊莉莎白
173	以殺人為追求的女人 ── 簡·托帕
181	連續夭亡的嬰兒 ── 瑪麗貝斯·泰寧
189	守候在高速公路上的毒蜘蛛 ── 艾琳·烏爾諾斯
201	將兒子培養成犯罪工具 ── 桑特·基姆斯

| 215 | 狂砍男友 37 刀的暴力女人 ——

凱薩琳・奈特

| 233 | 截然不同的姐妹二人 ——

喬安娜・丹尼希

| 249 | 凶手與警察擦肩而過 ——

黃道十二宮殺手

| 261 | 被迫成為業餘偵探的妓女 ——

長島殺手

目錄

19世紀的惡魔家族——本德家族

19世紀的惡魔家族—本德家族

1873年春季的某一天,威廉‧亨利‧約克(William Henry York)駕駛著馬車來到了愛荷華州的拉貝特郡,當時天色已晚,威廉必須趕緊找到一家旅館落腳,第二天再出發。威廉來愛荷華州是為了尋找鄰居喬治‧蘭切(George Newton Longcor)的下落。

在1872年的冬天,喬治在辦理完妻子的後事後,告訴威廉,他決定帶著女兒到史考特堡定居,他答應威廉,到了目的地後會寫信給他。但幾個月過去了,威廉一直沒有收到喬治的來信,他很擔心,於是決定到史考特堡打聽喬治的下落。威廉的哥哥愛德華(Ed York)上校就居住在史考特堡,儘管有愛德華的幫助,威廉還是沒有打聽到喬治的蹤跡,於是他決定離開,他向愛德華保證,回家後一定會寫信給愛德華。

當他來到拉貝特郡時,天色越來越暗,威廉看到了一塊破舊的旅館招牌,就決定在這家旅館休息一晚。但他不知道,他尋找的喬治就是在這家旅館裡永遠地消失了。

這是一家氣氛十分詭異的旅館,除了櫃檯服務員外看不見其他人,在連接大廳和裡屋的通道上,掛著一塊骯髒的布簾,旅館內的光線十分昏暗。當時的威廉十分疲憊,他只想著能趕緊上床睡覺,雖然這家旅館讓他難以適應,但他還是決定在這裡住宿一晚。

招待威廉的服務員倒是很熱情，她對威廉說自己是靈魂主義的治療者，如果需要的話，她可以幫助威廉緩解疲勞。之後，服務員將威廉帶到了房間內。威廉似乎很不安，於是就問道：「這家旅館是妳自己經營的嗎？」服務員回答說：「這家旅館是我父母開的，我和弟弟經常在這裡幫忙，今天晚上我值班，他們去鎮上採購。」聽到服務員的回答後，威廉的內心稍稍得到了安撫。

　　當威廉被服務員引導著坐在靠近窗簾的位置後，立刻昏了過去，他的頭部被人用錘子重擊了一下，昏倒之前，威廉模糊地看到了窗簾後面隱藏著的三個人影。這三個人是旅店老闆夫婦和他們的兒子，當威廉走進旅館之後，他們就在窗簾後面靜靜地等待獵物靠近。

19世紀的惡魔家族—本德家族

隨後，威廉的頭骨被這家人敲碎、喉嚨被割開，他的屍體被放到旅館的地窖裡。這是這家人完成的又一次瘋狂的屠殺，在此之前已經有許多人喪生於這家吃人的旅館了。旅館的老闆是老約翰·本德（John Bender Sr.），他在1870年帶著一家人來到拉貝特郡，在這裡承包了一片土地，開了一家小旅館，專門為過往的旅客提供餐食、酒水和住宿。不久之後，試圖穿越拉貝特郡的旅客開始頻頻消失，直到1873年，人們才在這家旅館的地窖發現了大量被掩埋的屍骨。

美國東西部的交通要道大奧沙路就位於拉貝特郡，而老約翰的旅館就開在路邊上，因此許多旅客都會路經此地。在當時大奧沙路是一條十分危險的道路，許多旅客都喪命於此地，喪命的原因有很多，例如事故、與美洲原住民起衝突、疾病等。但自從1870年起，在此地喪生的人越來越多，於是關於拉貝特郡的詭異傳言散播開來，許多旅客開始避開大奧沙路，繞行到西部去。

自從南北戰爭結束後，美國政府將原本居住在拉貝特郡的印第安人集體安置在一個新的印第安人聚居地，拉貝特郡變成了一座空城，留下了大片的可耕地，先後吸引了五個家族前來定居，其中就包括本德家族。

老約翰和兒子小約翰（John Bender Jr.）來到拉貝特郡後，分到了160英畝（約64.75公頃）土地，他們父子透過努力建造了一座房子和一個倉庫，還請人挖了一口井，將一塊

無人居住的土地變成了可供人生活的地方。

第二年秋天，老約翰的妻子艾薇拉（Elvira Bender）帶著女兒凱特（Kate Bender）來到拉貝特郡。不久之後，這棟房子就被改造成了一家小旅館，後面的一小塊區域是一家人生活的地方。冬天來臨後，小旅館正式開業迎客。

老約翰、艾薇拉是一對封閉的夫妻，基本上不會與鎮上的人來往。老約翰基本不會說英語，人們都聽不懂老約翰「嗚嗚哇哇」在說些什麼，有人猜測老約翰說的是德語，他很可能是德國移民。艾薇拉很少主動與他人交談，偶爾能從她嘴中聽到幾個單字，不過基本沒有人從艾薇拉的嘴中聽到過連貫的句子。人們都以為艾薇拉不怎麼會說英語，但實際上艾薇拉說的一口流利的英語。艾薇拉是個不友好的人，她脾氣十分暴躁，被鄰居們稱為「惡魔一樣的女人」（she-devil）。

相反，小約翰和凱特卻很擅長進行人際交往，他們很喜歡到處交朋友，會利用週末到鎮上的學校讀書，還會積極參加各種舞會。在鄰居們看來，小約翰是個很活潑，留著考究的髮型和鬍子的人。小約翰雖然能用英語與人們進行交流，但帶著德國口音。人們替小約翰取了一個「傻瓜」（half-wit）的外號，因為小約翰的臉上總是掛著憨厚的笑容。凱特是個年輕漂亮的靈魂主義治療者，也就是俗稱的靈媒。在凱特剛來到拉貝特郡不久，她就到處宣傳自己有超能力，還會利用各種機會發表演講。儘管有人對凱特所謂的超能力嗤之以

鼻，但這讓凱特變得小有名氣，為本德家的旅館吸引了不少客人。據傳言，小約翰與凱特並非兄妹，而是夫妻關係。

威廉失蹤後一個月，愛德華一直沒有收到弟弟的來信，他曾聽說過拉貝特郡的事情，在一直沒有威廉消息的情況下，愛德華有了一種不祥的預感，他決定踏上尋人之路，到威廉可能去過的地方搜尋。於是，愛德華帶著一支 50 人組成的團隊出發了。

1873 年 3 月 18 日，愛德華找到了本德家的小旅館，他拿出威廉的畫像詢問本德一家是否見過畫像上的人。小約翰對愛德華說，威廉曾在旅館喝過酒，不過當天就離開了。最後小約翰還「善意」地提醒道，如果威廉失蹤了，那麼他很可能是在離開旅館後遭遇了土著居民的襲擊。愛德華當時毫無頭緒，他覺得小約翰說得有道理，於是在旅館裡吃完晚飯就離開了。愛德華因此錯失了將本德一家抓捕歸案的良機。

4 月 3 日，本德家的旅館裡跑出一個不停喊「救命」的女人，這個女人滿臉驚恐地對周圍人說，艾薇拉拿著刀想殺死她。本來人們就懷疑之前失蹤的旅客都被本德一家殺害了，這個遭受襲擊的女人成了最有力的證據。

這件事情很快傳到了愛德華的耳中。愛德華帶著一夥人氣勢洶洶地來到了本德家的旅館，要本德一家給一個合理的說法。這時艾薇拉說話了，艾薇拉不顧人們驚訝的表情，用

一口流利的英語向愛德華解釋說，她會拿刀嚇唬那個女人，是因為那個女人是個巫婆，還曾試圖往艾薇拉的咖啡裡下毒，並勾引老約翰。由於愛德華手中沒有證據能證明威廉的死與本德家有關，只能暫時作罷。

愛德華認為自己的弟弟威廉一定是被本德一家害死了，為了尋找證據他決定召開一次會議，邀請拉貝特郡的居民參加，專門討論拉貝特郡近幾年旅客頻繁失蹤的怪異現象。在愛德華的號召下，一共有 75 人參加了這次會議，包括本德父子在內。最終會議決定組建一支搜查隊，拉貝特郡的每一戶人家都要接受一次徹底的搜查。

3 天後，搜查隊接到一個名叫比利·托爾（Billy Tole）的人的報告。比利在路過本德家的旅館時發現房門緊鎖著，菜園裡的菜也好長時間沒澆水了。於是比利就敲了敲旅館的門，結果根本沒人回應。比利覺得有些怪異，就將這個發現報告給了搜查隊。搜查隊一聽，覺得事情有蹊蹺，就前去察看。由於意外情況的發生，搜查被延遲了幾天。

當愛德華和搜查隊來到本德家的旅館時，房門還是緊鎖著，不論搜查隊如何敲門都無人回應，於是搜查隊只好硬闖進去。旅館內已經空無一人，除了家具外，箱子裡的食物、櫃檯上的酒水都不見了，桌子上也積下了一層薄薄的灰塵，顯然本德一家前不久已經離開了。

19 世紀的惡魔家族—本德家族

旅館裡有一股怪異、難聞的味道，搜查隊順著味道來到了旅館的地窖，難聞的味道就是從地窖裡散發出來的。地窖的門緊鎖著，上面還壓著一塊大石頭。當搜查隊將地窖的門撬開之後，那股難聞的氣味立刻湧了出來，一時間讓人覺得呼吸都困難。

搜查隊懷疑這股難聞的氣味很可能是人的屍體散發出來的，他們懷疑那些失蹤的旅客在被本德一家殺害後就埋在了地窖裡，於是搜查隊決定在地窖裡尋找屍體。搜查隊撬開了地板，但並未發現屍體。不過地窖裡遍布的血跡讓搜查隊決定繼續搜尋。地窖也正是威廉遇害的現場。

屋後菜園裡被翻動過的泥土引起了愛德華的注意，他聽周圍的居民說過，本德家菜園裡的土總是新鮮的，好像剛被翻動過。於是，愛德華下令對菜園進行挖掘。

在搜查隊的努力下，能證明本德一家人殺人的證據終於被找到了，晚上 8 點左右搜查隊在菜園裡挖出了一具屍體。這具屍體正是愛德華一直在苦苦尋找的弟弟威廉。在之後的挖掘工作中，搜查隊又發現了 9 具屍體。由於當時已經很晚了，搜查隊只能暫時結束工作，等第二天天亮繼續挖掘。

第二天搜查隊又挖出了 9 具屍體，其中包括一名小女孩的屍體。這些被害人的屍體頭部都遭受過重擊，喉嚨也有被割開的痕跡。不過小女孩的屍體例外，她的屍體上沒有明顯

的傷痕，她可能是被掐死或被活埋的。

除了整具屍體外，搜查隊還挖出了數量驚人的人體碎塊。據粗略猜想，本德一家人殺死了大約 40 人。

此外，另外三起命案也與本德一家脫不了關係。這三名被害人的屍體頭部都被鈍物重擊，喉嚨被割開。

1871 年 5 月，拉貝特郡的一條小河裡出現了一具屍體。經調查，被害人是個旅客，名叫瓊斯，在一個月前失蹤。警方在調查案件的時候，將第一個發現屍體的人當成嫌疑犯抓了起來，不過由於沒有證據，嫌疑人很快就被釋放。

1872 年 2 月，拉貝特郡內又出現了兩起命案，兩具男性屍體與瓊斯一樣都被人重擊頭部、割開喉嚨而亡。

這三起命案由於報紙的報導在當時引起了不小的轟動，許多旅客紛紛選擇繞道而行。在命案發生前，拉貝特郡的治安就很糟糕，經常出現馬賊和強盜，再加上經常死人和失蹤事件，讓拉貝特郡在旅客心目中變成了一個恐怖的死亡之地。這讓財政狀況本來就很糟糕的拉貝特郡更加舉步維艱。搜查隊在本德家旅館裡發掘出的大量屍體證明，製造這些謀殺案的凶手正是本德一家人。

一名旅客，尤其是看起來腰包鼓鼓的旅客走進本德家的旅館，無異於走進了一個死亡陷阱。旅客會在凱特的熱情款待下放下戒心，即使旅店內的情況再詭異，也沒有一個人會

對一個年輕漂亮的女子起疑心，但凱特恰恰是一個誘餌。凱特會將旅客引到一個特別的位置上，位置的後面是一塊帆布簾子。當旅客坐下後，凱特就會坐在旅客的對面，從而分散旅客的注意力，給躲在帆布簾子後面的老約翰、小約翰製造殺害旅客的機會。

為了一招致命，本德一家會採取一些小策略。如果旅客的體型比較瘦弱，那麼老約翰或小約翰會直接從帆布簾子後面用錘子狠狠地擊打旅客的頭部；如果旅客的體型看起來很強壯，不好對付，那麼凱特會先陪旅客喝上兩杯，當旅客被灌醉後，老約翰或小約翰再出場。

旅客頭部受到重擊後，即使不立刻死亡，也會昏迷，這個時候他就會被拖到本德家的地窖裡。在那裡艾薇拉會扒光他的衣服，將他的隨身物品全部拿走，然後用刀割開他的喉嚨，讓他慢慢死去。等旅客差不多死亡了，本德父子就會將屍體拖走進行處理。他們有時會將屍體埋在自家的果園裡，有時會丟棄在一個偏僻的角落裡，讓飢餓的野狗幫忙處理屍體。

拉貝特郡的居民們得知本德一家犯下了如此殘忍的罪行後十分憤怒，但他們根本無從發洩怒火，本德一家早就搬走了，於是他們只能將怒火發洩在一個名叫布羅克曼（Brockman）的人身上，這個人是本德一家的朋友。布羅克曼被人們吊起來質問，人們要他說出本德一家人的蹤跡。但布羅克曼

根本什麼都不知道，不過憤怒的人們根本不打算放過他，在長時間的拷問中，布羅克曼再也忍受不住，昏了過去。當布羅克曼第三次昏迷的時候，憤怒的人們才漸漸恢復了理智，放過了布羅克曼。

這是美國歷史上第一起家族連環殺人案，在當時引起了很大的轟動，許多記者紛紛聚集到拉貝特郡，只為能得到關於本德家的獨家新聞。

愛德華此時正在全力追捕這4個殺死自己弟弟的凶手，威廉的另一位兄弟亞歷山大·約克（Alexander M. York，堪薩斯州議員）釋出了通緝令，通緝本德家的4個人，他還給出了1,000美金的懸賞，這在當時可是個不小的數目。同時，拉貝特郡的長官湯瑪斯也給出了2,000美金的懸賞，只為能抓到本德一家。

警方也在努力尋找本德一家，並順著地上的輪胎印找到了本德一家逃亡時乘坐的馬車。可惜的是，警方只找到了馬車，本德一家早就逃走了。不久警方接到消息，塞耶火車站的工作人員聲稱本德一家曾在車站購買過去往沙努特的車票。

警方立刻與沙努特火車站的工作人員取得了聯絡，對方告訴警方小約翰和凱特曾出現過，他們在火車站購買了去往丹尼森的火車票。不過工作人員並未見過老約翰和艾薇拉。

19 世紀的惡魔家族─本德家族

　　接下來警方並未繼續抓捕工作，因為警方推斷小約翰和凱特應該去了那片危險的無人區，無人區位於德克薩斯州邊境和新墨西哥州邊境，十分危險。警察很少會去那裡抓人，很多警察曾喪命於那片無人區，如果警方派人去無人區抓人，那就意味著不只抓不到犯人，可能派去的警察人身安全都無法保障。

　　從那以後，本德一家就失蹤了，他們好像從人間蒸發了一樣。但關於血腥本德的傳言卻一直沒有中斷過。有人說曾看到過本德一家，小約翰中風死了，凱特難產死了，而老約翰和艾薇拉則逃到密蘇里州過起了隱姓埋名的生活；有人說本德一家人集體自殺了；有人說本德一家人在被警方抓捕後祕密以火刑處死了。關於本德一家人的下場有各式各樣的說法，但都沒有相關的證據。

　　本德一家（Bloody Benders）的故事為許多作家提供了創作靈感。很多作家在寫小說的時候，都會借鑑本德一家的故事。

【犯罪行為的習得】

美國行為主義心理學家約翰・華生有一句十分著名的話：「給我一打健康的兒童，如果在由我所控制的環境中培養他們，不論他們前輩的才能、愛好、傾向、能力、職業和種族情況如何，我保證能將其中任何一個人訓練成我所選定的任何一種專家 —— 醫生、律師、藝術家、富商，甚至乞丐和盜賊。」這句話在今天看來似乎有些偏激，好像環境能決定人的一切。但這句話卻充分表明了人的可塑性。

在華生等行為主義流派的心理學家看來，人格是由環境決定的，想要改變一個人就必須從改變他周圍的環境入手。一個人為什麼會犯下十分殘忍的罪行，與他身處的環境同樣是密不可分的。就像本德家族中的小約翰和凱特一樣，他們從小生活在古怪父母的陰影下，於是成了幫凶，協同父母一起殺害了許多無辜的旅客。

按照行為主義所提出的觀點，人的一切行為都是後天習得的，犯罪行為也是如此，同樣是後天習得的，也就是說人剛出生時如同白紙一般，後天環境的影響會使這張白紙變得色彩斑斕。人天生具有很強的學習能力，這種能力使人具有很強的可塑性，也讓人透過後天的學習習得各種行為，因此

19世紀的惡魔家族—本德家族

環境就變得異常重要。

與他人之間建立連繫是一種十分重要的能力，我們天生具有「察言觀色」的能力，透過觀察周圍人的言行來進行學習，這個過程被稱為社會學習。周圍人的影響對於個體來說就是社會環境，社會環境對一個人人格的塑造常常會產生強化的作用。在本德家族中，小約翰和凱特在父母的影響下接觸到血腥殺人的犯罪行為，他們最初為了得到父母的肯定會去模仿。但讓這種犯罪行為持續下去，需要強化的作用。如果他們的犯罪行為得到了一個不錯的結果，例如父母的肯定、旅客的財物等，那麼這種犯罪行為就會強化。

我們每個人都是積極的問題解決者，即會對周圍的環境做出反應。在許多人看來，本德一家所犯下的罪行是喪失理性的。但在本德一家人看來，這只是他們適應環境的一種方式，他們認為自己所犯下的罪行是合理的。因此本德一家會精心策劃一起起凶殺案。

當然環境決定論並非完全正確，因為該理論忽視了一個十分重要的因素，即人在敏感性上存在著個體差異。面對同樣的環境，不同的人所感知到的訊息是不同的，即在環境面前人並非完全被動，而是具有一定的主動性。

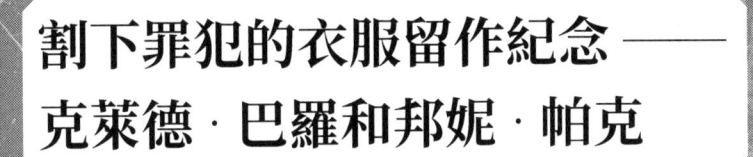

割下罪犯的衣服留作紀念──
克萊德‧巴羅和邦妮‧帕克

割下罪犯的衣服留作紀念─克萊德・巴羅和邦妮・帕克

　　1932 年 4 月 30 日，美國新罕布夏州南部的希爾斯伯勒發生了一起搶劫殺人案，案發地是一家雜貨店，店主是一對老夫妻──約翰・布克（John Napoleon Bucher）和瑪莎。約翰死在了搶劫犯的槍下，警方接到報案後，就安排瑪莎進行嫌疑人辨認，瑪莎從一堆嫌疑人的照片中認出了兩名搶劫犯──克萊德・巴羅（Clyde Barrow）和雷蒙德・漢米爾頓（Raymond Hamilton）。

　　克萊德於 1909 年 3 月 21 日出生在德克薩斯州的泰勒市。克萊德的父親亨利（Henry Basil Barrow）是個佃農，依靠摘棉花為生。克萊德在家中 7 個孩子中，排行第五。由於家境貧困且孩子眾多，克萊德只在學校待了 5 年，就跟著家人離開家鄉到達拉斯討生活，當時他只有 12 歲。

　　在達拉斯，亨利沒有找到工作，一家人只能在一個交流道下棲身，這裡是窮人們的安身之所，除了他們外，還有 40 多個人擠在這裡。一個多星期後，亨利才在一個加油站找到了工作，並租了一間屋子。後來，亨利成了一家加油站的老闆，但家裡的生活條件還是未能得到改善，所有人都只能擠在加油站後的一間屋子中。克萊德就是在這樣貧困的環境中長大，克萊德一直渴望能夠擺脫貧困，哪怕是透過犯罪的方式。上了中學後，克萊德開始了偷竊，被警察逮過好幾次。

　　1929 年，經濟蕭條蔓延到了達拉斯，許多人因失業、破產被迫流落街頭，但富人們的生活卻並未受到影響，依舊悠

閒自在地過日子。這讓貧困的克萊德憤怒不已，他開始拉攏同夥一起去盜竊。

1929年10月16日，克萊德和兩個同夥因盜竊罪被警方逮捕。在審訊中，克萊德表現得十分可憐，他一邊抹淚一邊對警察說，他只是想搭個便車，根本不知道他們（兩名同夥）是做什麼的。警察被克萊德感動了，於是決定給他一個改過自新的機會，放走了克萊德。

獲得自由後，克萊德立刻和哥哥巴克（Buck Barrow）一起做起了搶劫和偷竊的勾當，受害者都是一些開著小店鋪的老闆，由於經濟危機，他們的經營本就困難，而克萊德等人的騷擾讓他們的處境變得更加困難。警方也開始注意起這不斷出現的搶劫和盜竊事件，並將這夥人稱為「巴羅幫」（Barrow Gang）。

後來，一個名叫邦妮·帕克（Bonnie Parker）的漂亮女人成了巴羅幫的重要一員，她同時也是克萊德的情人，他們在1930年1月26日相識。克萊德的一個姐姐和邦妮是好朋友，克萊德在探望姐姐時認識了邦妮，當時邦妮只有20歲，克萊德也只有21歲，兩人一見鍾情，並很快成了戀人關係，幾乎每天都會見面。

割下罪犯的衣服留作紀念─克萊德·巴羅和邦妮·帕克

  邦妮於 1910 年 10 月 1 日出生在德克薩斯州的羅溫納，在家中 3 個孩子中排行第二。邦妮的父親是個磚瓦匠，在邦妮 4 歲時去世，從那以後她就跟著母親來到達拉斯附近的塞蒙特城投奔祖父母。

  在學校裡，邦妮是個很出色的學生，長得漂亮，功課也不錯，甚至還在一次拼寫比賽中獲得了冠軍。邦妮很有藝術天分，她擅長寫作，熱愛閱讀文學類書籍，尤其嚮往書中的愛情故事。邦妮酷愛紅色，總會穿紅色的衣服，還很喜歡收集各式各樣的帽子，在她與克萊德的合影中也總戴著帽子。

  15 歲時，邦妮認識了一個名叫羅伊·薩頓（Roy Thornton）的男人，兩人很快確立了戀愛關係，羅伊每天都會等邦妮放學並送她回家。第二年，邦妮嫁給了羅伊，邦妮為了表達對羅伊的愛意，特地在自己的大腿內側刺了兩顆纏繞在一

起的心,裡面還刺上了她和羅伊的名字。羅伊是個不安分的人,沒有穩定的工作,還經常惹麻煩。不久羅伊就因在打架鬥毆中殺了一個人被關進了監獄。之後,邦妮在達拉斯的一家咖啡店裡當起了女招待,薪酬雖然很少,但至少可以維持基本生活。邦妮長得漂亮,來店裡喝咖啡的人總喜歡拿她開玩笑。

邦妮在和克萊德認識幾個月後,克萊德就被警方抓住了,這一次他因搶劫和偷竊罪被判處了兩年監禁,之後克萊德被送到瓦科城的監獄服刑。於是,邦妮開始寫信給克萊德,為了克萊德不顧母親反對辭去咖啡店的工作,搬到瓦科城居住,每天都會按時去探望克萊德。

克萊德告訴邦妮,他準備和一個名叫拉爾夫·富茲(Ralph Fults)的犯人一起越獄。拉爾夫曾是克萊德的同夥,和他一起搶劫過。他們的越獄計畫中有非常關鍵的一環,就是弄到一支槍。克萊德告訴邦妮,拉爾夫父母家藏著槍,她只要按照拉爾夫的指示偷偷潛入他父母家,將槍偷來並交給自己就行,邦妮答應了。

邦妮將槍偷出來後,就在一次探監時將槍交給了克萊德。當天晚上,克萊德就和拉爾夫以及另一個犯人趁著獄警送飯、警戒鬆懈時從監獄裡逃了出來。獲得自由後,克萊德沒有主動去找邦妮,他發現邦妮的住所附近有許多便衣警察。

割下罪犯的衣服留作紀念—克萊德・巴羅和邦妮・帕克

出獄沒多久,克萊德就和拉爾夫重新幹起了搶劫、偷盜的老本行。在一次偷車後,克萊德沒有及時更換車牌,警察很快找上他們。有了這次的教訓,克萊德再偷車的時候,做的第一件事情就是換車牌。

這一次,克萊德被判處了14年的刑期,並被送到德克薩斯州立監獄服刑。這座監獄對待犯人十分苛刻,犯人們除了要在烈日下完成摘棉花的工作外,還時不時地被獄警毆打,獄警們很喜歡透過毆打犯人找樂子。這裡還關押著許多被判處終身監禁的犯人,他們常常會欺負像克萊德這樣的犯人。克萊德為了避免去摘棉花,故意讓一個犯人削掉了自己的兩根腳趾,這樣一來負傷的他就不用去工作了。對於克萊德來說,唯一快樂的事情就是收到邦妮的來信。在克萊德再次入獄後,邦妮一直堅持和他通信,在信中表達對克萊德的思念。

1932年2月,克萊德提前獲得了假釋。自從克萊德被關進監獄後,他的母親就一直到處奔走呼籲,希望克萊德能走出監獄。她不停地強調家裡的生活很貧困,需要克萊德幫忙維持生活。在她的努力下,克萊德終於被放了出來。

克萊德出獄後做的第一件事就是去找邦妮,從那以後兩人再也沒有分開。克萊德從不覺得自己的搶劫和偷竊是犯罪,他將所有的責任都推給政府,認為是政府讓他一直生活在貧困之中,為了富裕的生活他只能去犯罪,因為像他這樣

的窮小子沒有翻身的可能。邦妮也認同克萊德的觀點,並跟隨克萊德加入了巴羅幫這個犯罪集團。

在一次搶劫中,邦妮負責留在車裡放哨,克萊德則和雷蒙德、拉爾夫一起偷偷溜進五金行裡偷錢。3人將收銀臺撬開後,拿出錢準備逃跑的時候,警報器突然響了起來。3人慌慌張張地離開了五金行,立刻鑽進了車裡,邦妮立刻發動汽車朝郊區開去。一路上,克萊德都表現得十分鎮定,這讓邦妮傾心不已。

在克萊德覺得安全後,就命令邦妮停車,然後塞給邦妮一些錢讓邦妮下車,他告訴邦妮:「我不想妳也捲進來,找個地方待一夜,等天亮後搭車回達拉斯。」說完,克萊德就開車離開了。邦妮只好回達拉斯,但她一直密切關注著克萊德,並祈禱克萊德不要再次被警察抓住。

從五金行搶來的錢花光後,克萊德等人準備再幹一次。他們盯上了一家雜貨店,他們發現這家雜貨店的生意不錯,應該能搶到很多錢。夜晚,克萊德等人潛入雜貨店夫婦的家中,並用槍威脅他們開啟保險箱。

約翰在雷蒙德的威脅下來到保險箱前,在保險箱開啟後,雷蒙德的槍突然走火了,約翰被擊中胸口倒地身亡。約翰的妻子瑪莎驚恐得尖叫起來,克萊德等人也很慌張,這是他們第一次傷人,他們的目的只是搶錢而非奪命,他們從保險箱裡胡亂抓了一些錢後就離開了。

割下罪犯的衣服留作紀念—克萊德·巴羅和邦妮·帕克

之後，克萊德等人從報紙上得知約翰被殺了，他們成了當地警方通緝的要犯，因為瑪莎認出了克萊德和雷蒙德。克萊德每天東躲西藏，為了填飽肚子他只能回家，但他家附近埋伏了許多警察，為此克萊德只能趁著黑夜偷偷潛入家附近，並將見面地點寫在一個汽水瓶上。等克萊德的母親和姐姐發現汽水瓶後，就會到約定地點送一些衣服和吃的給克萊德。

1932年8月5日，克萊德和雷蒙德在奧克拉荷馬和警方交火，殺了一名警察。不久，雷蒙德被捕，他被判處263年監禁。克萊德則還在逃亡之中，邦妮則一直伴隨其左右。為了避免被警察抓住，克萊德和邦妮只能去一些偏僻小鎮，而且只能在夜晚出動。這種風餐露宿的逃亡生活十分痛苦，克萊德為此經常發脾氣，他擔心自己一不小心就會被警察逮住。

當他們來到謝爾曼小鎮後，就準備搶劫一家食品店。食品店的老闆霍爾（Howard Hall）似乎並不害怕克萊德的威脅，還和克萊德發生了口角。被激怒的克萊德當著店員和行人的面開槍殺死了霍爾，之後和邦妮離開了食品店。整個過程，克萊德表現得十分鎮定。這是他第一次主動殺人，從此以後克萊德就成了一個搶劫殺人犯。他的膽子變得越來越大，不再滿足於搶劫店鋪，開始盯上了銀行。

1932年11月30日，密蘇里州迦太基城的奧斯維哥銀行遭到了搶劫。搶劫者正是克萊德。在前一天邦妮按照他的要

求前往銀行了解情況,將銀行內的布局記下並告訴克萊德。在 30 日這天,克萊德拿著槍走進銀行,威脅工作人員交錢。當警衛注意到拿著槍的克萊德後,立刻朝他開了一槍。但這個警衛的槍法並不好,他這一槍沒有擊中克萊德,之後的射擊也都被克萊德巧妙躲過。克萊德雖然幸運地逃脫了,但搶到的錢卻只有 80 美元。

1932 年 12 月 1 日,克萊德實施了第二次搶劫。他拿著槍闖進了一家銀行,但這家銀行早已廢棄了,沒有人也沒有錢,克萊德只能離開。

聖誕節過後不久,一個名叫威廉·瓊斯(William Jones)的 16 歲少年開始跟著克萊德、邦妮一起偷車。他們在偷一輛新的福特汽車時,引起了鄰居的注意,很快車主杜爾·強生(Doyle Allie Myers Johnson)趕來。杜爾來到車旁後,一手抓住克萊德,一手準備去拔車鑰匙。克萊德掏出手槍威脅杜爾放手,但杜爾就是不放手,克萊德就扣動了扳機,杜爾被打死。之後克萊德駕駛著杜爾的汽車離開了。

之後,克萊德等人一邊躲避警察的追捕,一邊沿路打劫銀行,犯罪手法也越來越嫻熟。當沒有武器彈藥後,他們就會去打劫軍火庫。有一次,克萊德等人在達拉斯一個住宅區和警方交火,一名警察身受重傷並死去。

1933 年 3 月 22 日,克萊德的哥哥巴克獲得了假釋,他立刻帶著妻子布蘭琪(Blanche Barrow)找上了克萊德。在獲

割下罪犯的衣服留作紀念—克萊德·巴羅和邦妮·帕克

得假釋之前，巴克曾有過一次越獄行為。在此期間，巴克認識了布蘭琪，兩人很快結婚。結婚後，布蘭琪才發現巴克是個逃犯，她勸巴克去自首，並承諾一定會等巴克出獄。巴克聽從了布蘭琪的建議，重新回到監獄服刑。在假釋出獄後，布蘭琪想讓巴克到自己父親的農場工作，巴克同意了，不過在此之前他得去和弟弟克萊德見一面。

此時的克萊德和邦妮已經透過搶劫得到了很多錢，他們渴望能過一段安定的日子，於是巴克夫婦就和他們來到了密蘇里州的卓普林，並在這裡找了一處房子安定下來。在這裡，他們整夜地喝酒喧鬧，而且白天不出門，這引起了許多鄰居的懷疑。在一次槍支走火後，鄰居報了警，之後警方就開始監視他們。起初警方只以為他們是酒販子，但後來卻發現他們與被通緝的巴羅幫很相似，於是警方決定開始實施抓捕。

1933 年 4 月 13 日，警方和克萊德等人交火，在一陣槍戰之中，兩名警察被射殺。布蘭琪從未見過這種場面，她嚇壞了，一邊尖叫著一邊從屋子裡跑了出去。克萊德等人逃出警察的包圍後，就將布蘭琪拉到了車上。

警方在搜查巴羅幫的住所時發現了一些照相底片，這是克萊德和邦妮所拍的照片，邦妮酷愛攝影。這些照片很快被刊登到報紙上，其中一張照片被記者大肆渲染，在這張照片上邦妮一手拿著手槍，一手夾著雪茄。夾雪茄也因此成了邦

妮的招牌動作。但邦妮看到報紙後十分生氣，她根本沒有抽雪茄的習慣，她只是借了一支雪茄來擺拍而已。

除了照片外，警方還找到了邦妮的筆記本，上面是邦妮寫下的以愛情為主題的詩歌。警方還發現了巴克的假釋證明和巴克夫婦的結婚證，於是巴克夫婦也被警方通緝。

1933 年 5 月，克萊德等人開始在德克薩斯州的拉斯頓盜竊和搶劫。巴羅幫的威廉在偷一輛車的時候，被車主迪拉德（Dillard Darby）看到，迪拉德立刻從公寓裡衝出來，他正好遇到開車回來的蘇菲（Sophia Stone），迪拉德上了蘇菲的車，兩人開始追趕威廉。

威廉將車開到和克萊德約定好的地點後，就下車了。就在迪拉德準備抓住威廉時，克萊德等人出現，他們挾持了迪拉德和蘇菲。克萊德等人帶著迪拉德、蘇菲行駛了一整夜，等天一亮，迪拉德和蘇菲就獲得了自由，他們還給了兩人一些路費。雖然兩人的車都被搶走了，但迪拉德和蘇菲還是很感謝巴羅幫饒了他們一命，他們本以為自己會被巴羅幫殺害。

之後，巴羅幫遭遇了一場意外。他們沒有看到路邊的警示牌，將車開到了深坑裡，除了邦妮外，其他人都毫髮無損。邦妮被擠在車門和車架之間，汽車還著了火，邦妮雖然在其他人的幫助下成功獲救，但大腿卻被燒傷了。邦妮獲救後，著火的汽車立即爆炸了。

割下罪犯的衣服留作紀念—克萊德·巴羅和邦妮·帕克

　　湯姆是個農民,他正在務農時突然聽到了巨大的爆炸聲,等他跑到事發地後發現了受傷的邦妮,於是就幫助克萊德等人將邦妮安排在自己家中養傷。湯姆注意到克萊德等人都帶著槍,而且邦妮長得和通緝女犯很相似,於是他將這些人交給妻子照顧後就偷偷溜走了,他想去報警。當時克萊德只忙著替邦妮清理傷口,並未注意到湯姆的離開,等他發現湯姆不見了以後,立刻帶著其他人離開了。

　　克萊德在開車過程中發現了公路上的路障,他立刻改變路線,準備逃往阿肯色州。等他們安定下來後,克萊德就安排威廉和巴克去弄些錢,他則留下來照顧邦妮。邦妮由於傷勢嚴重,一直發著高燒。克萊德很擔心邦妮,就打了通電話給聖史密斯醫院,叫來一個醫生。醫生在檢查完邦妮的傷勢後,對克萊德說,邦妮最好立刻被送到醫院接受救治,實在不行就找個專職護士照顧。於是克萊德僱了一個護士來照顧邦妮,邦妮的傷勢也漸漸開始好轉。

　　在邦妮養傷期間,巴克和威廉一直負責到外面搶錢。但當時美國正值經濟大蕭條時期,他們根本沒搶到多少錢,還和警察發生了交火,一名警察死在了他們的槍下。沒有錢的日子對巴羅幫來說,十分難熬,他們甚至連肚子都填不飽,還要每天都生活在擔驚受怕中,尤其是布蘭琪每天都戰戰兢兢的。與此同時,美國的警方正在對他們實施全國通緝,就連聯邦調查局也加入了抓捕巴羅幫的行動中。

1933年7月18日，普雷特城的警方接到報警電話，巴羅幫入住了紅色王冠旅館。此時的克萊德等人並未意識到危險，他們去買了些藥物和食品，準備在此地多待一段時間。第二天夜晚，警察悄悄包圍了巴羅幫。克萊德最先意識到警察的到來，他先開槍後，威廉和巴克也開了槍。在一陣交火之中，巴克被兩顆子彈射中顱骨，直接倒了下去。

　　克萊德和威廉一邊和警方交火，一邊帶著其他人撤到車庫裡。當時警方的注意力一直集中在巴羅幫所居住的房間，並未注意到巴羅幫已經來到了車庫前。當時警方的裝甲車正擋在車庫前面，在克萊德等人的掃射下，車裡的司機只能開車遠離車庫。克萊德等人一進入車庫，立刻開了一輛車衝了出來，最終他們衝出了警方的包圍。這次的交火，巴羅幫損失慘重，邦妮的右眼被碎玻璃扎入，巴克的頭部嚴重受傷，已經神志不清，威廉的手臂受了嚴重的槍傷，血流不止。布蘭琪雖然沒有受傷，但卻被嚇傻了，呆呆地坐在車裡。

　　離開普雷特城後，克萊德等人在一個自然保護區停下，他們準備在這裡休息一會兒。這時，警方正在進行地毯式的搜查，還召集了上百個志工。3天後，警方接到一通餐廳服務生的電話，他說這幾天每天都會往戴科斯菲爾德公園的一個樹林裡送五份餐。中午時分，警方來到了巴羅幫的落腳地。

　　此時的巴羅幫徹底慌了，只有克萊德鎮定地發動了汽車。

割下罪犯的衣服留作紀念—克萊德·巴羅和邦妮·帕克

在警方的掃射中,克萊德的手臂中了一槍,汽車立刻衝向了一棵樹,然後停了下來。克萊德等人只好下車繼續逃亡,混亂中他們走散了。巴克身受重傷被抓住,3天後死在了醫院。被嚇傻的布蘭琪也很快束手就擒。威廉逃到樹林中後,主動向警方投降,他已經被這樣擔驚受怕的日子折磨夠了。在審訊中,威廉告訴警方,克萊德和邦妮一直和家人保持聯絡,有時還會聚一下。警方就開始翻查他們家人的檔案,警方發現邦妮母親的生日就要到了,這是一個實施抓捕的機會。

克萊德和邦妮逃出了樹林,躲進了一個果園。不久之後,警方找到了他們的下落。克萊德和邦妮再次成功逃脫警方的包圍。從那以後,警方就再也沒有得到過他們的消息。此時的克萊德和邦妮正準備拉人入夥。

1934年1月16日,克萊德和邦妮成功協助雷蒙德·漢米爾頓和亨利·梅斯文(Henry Methvin)逃出「勞改農場」。從那以後,這兩個人就成了巴羅幫的新成員,巴羅幫繼續搶劫銀行。在復活節這天,克萊德等人正在114號州際公路上分贓時引起了兩名巡警的注意,當時巡警們只是想察看一下,做賊心虛的亨利卻開槍打死了一名巡警。另一名巡警立刻拔出自己的配槍,最終他也死在了克萊德的槍下。

之後,雷蒙德和亨利由於和克萊德不和,在分贓後就離開了巴羅幫。不久,雷蒙德被抓捕,並在1935年因殺害獄警被處以電刑。

1934 年 4 月的一天，克萊德開車時陷入泥裡無法動彈。一名路過的司機看到克萊德後，發現克萊德身上配有手槍，就立刻報了警。兩名巡警趕到後，克萊德立刻開了槍，一名警察被打死。之後，克萊德開車來到了堪薩斯州，偷了一輛汽車後，克萊德就帶著邦妮回到了達拉斯和家人相聚。邦妮向母親交代說，如果她和克萊德真的死在了警察的槍下，希望母親能將她和克萊德葬在一起。

　　1934 年 5 月 22 日，一個名叫伊凡（Ivan Methvin）的老人來到警察局報案，他的兒子亨利曾和克萊德一起搶過銀行，還殺了一名巡警。伊凡告訴警方，亨利已經後悔了，如果警方同意為亨利減刑，那麼他就可以告訴警方克萊德和邦妮的下落。

　　得到伊凡提供的線索後，警方立刻包圍了克萊德等人居住的小屋，並設下了埋伏。第二天上午，警方等來了克萊德和邦妮，當時他們正開著偷來的汽車。這次警方沒有給克萊德反應的機會，立刻朝著他們的車開槍，克萊德和邦妮都被子彈擊中後死去。

　　這對雌雄大盜被警方擊斃的消息傳播出去後，記者和許多人蜂擁而至，他們從案發現場拿走一些東西做紀念品，例如割下克萊德和邦妮的衣服，撿走子彈、打碎的玻璃。之後，克萊德和邦妮的屍體就被各自的家人領走了。克萊德的屍體被葬在了哥哥巴克的墓旁。邦妮的屍體則被葬在了另一

割下罪犯的衣服留作紀念—克萊德‧巴羅和邦妮‧帕克

處墓地,她的母親一直都不同意邦妮和克萊德在一起,即使邦妮曾表示她死後要和克萊德葬在一起。

亨利在被警方逮捕後,由於警方和他父親伊凡的約定,他由死刑被改判為終身監禁。12年後,亨利獲得假釋,但不久卻被火車撞死。

【匱乏性撫養】

　　克萊德和邦妮一直廣受媒體的關注，在許多報導中，他們被塑造成了一對亡命天涯的鴛鴦，共同對抗著這個不公平的世界。在當時，美國正值經濟大蕭條時期，許多人的生活水準直跌谷底，人們對政府的不滿情緒早已累積多時。這時，克萊德和邦妮出現了，他們就成了滿足大眾幻想的對象，公開對抗法律，和警察唱反調，還幾次成功逃脫了警方的包圍。最令人矚目的還要數克萊德和邦妮的愛情，他們對彼此一直不離不棄，尤其是邦妮，她本可以過正常的日子，但她卻堅定追隨克萊德，哪怕付出生命。

　　但這只是表面而已，他們真正的犯罪心理並非只是為了對抗社會的不公，甚至可以說，大眾將克萊德和邦妮視作對抗不公的象徵，只是一廂情願而已。克萊德只是一個盜竊和搶劫的慣犯，而邦妮則是一個很容易被危險男人吸引的女人。她不會覺得搶劫和盜竊是犯罪，她會覺得犯罪能將自己和克萊德更加緊密地連繫在一起，例如邦妮的丈夫也同樣是個危險的男人，在一次街頭鬥毆中因殺人入獄。

　　克萊德從小在一個極端貧困的環境下長大，他無力改變自己的貧困，就只能偷竊和搶劫。像克萊德這樣的罪犯很容

易引起人們的同情,因為當時有許多美國人都處於貧困之中,對克萊德因貧困而憤怒感同身受。但值得注意的是,當時的經濟大蕭條不只影響到了克萊德一家,千千萬萬的美國人都受到影響,他們卻並未像克萊德一樣去盜竊和搶劫,更別提殺人。

如果一個人在缺乏物質保障或缺乏情感的環境下長大,那麼他極有可能會形成危險人格,出現犯罪行為。克萊德的情感與正常人無異,他會定時和家人相聚,在邦妮受傷時還會悉心照顧她。顯然克萊德並非在缺乏情感的環境下長大,但在他的成長環境中,物質匱乏是顯而易見的,他的父親亨利最初只是個農民,負責在烈日下摘棉花,後來雖然在達拉斯開了一家加油站,但一家人的生活還是未能得到改善,再加上家裡孩子眾多,這使得本就貧困的日子更加拮据。

克萊德和哥哥巴克很早就離開學校去偷竊和搶劫,他早已習慣了透過犯罪的方式來生活。一個人的生活習慣一旦形成,就會產生相應的觀念,除了偷竊和搶劫外,克萊德已經想不到其他的營生方式。漸漸地,在克萊德年齡增長的同時,他的人格特質也形成並穩定,他的一生只能與犯罪和監獄為伍,而邦妮則是他犯罪人生中的安慰。

邦妮看上去是個為了愛情不惜付出一切的女人,實際上她只是一個輕易被危險男人迷得神魂顛倒的女人。有一部分女人很容易被危險的男人所吸引,會覺得克萊德的犯罪是一

種力量的展現。許多人之所以會被克萊德和邦妮的愛情故事所吸引,是因為覺得他們的日子過得激情澎湃,和警察交火並逃出包圍是一場驚險刺激的冒險。但這只是幻想,巴羅幫的成員威廉會主動投降,就是因為厭倦了這種表面驚險刺激,實際上卻顛沛流離的生活。

割下罪犯的衣服留作紀念—克萊德‧巴羅和邦妮‧帕克

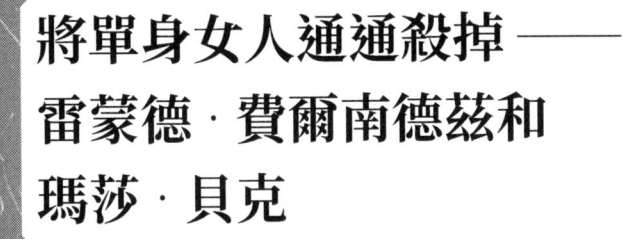

將單身女人通通殺掉──
雷蒙德‧費爾南德茲和
瑪莎‧貝克

將單身女人通通殺掉—雷蒙德・費爾南德茲和瑪莎・貝克

密西根州大急流城的一個小鎮上住著一個年輕的寡婦德爾菲娜・唐寧（Delphine Downing），她有個兩歲的小女兒。從 1949 年 2 月 28 日起，德爾菲娜的鄰居總聽到小孩子的哭聲，他們覺得不對勁，再加上這幾日從未見過德爾菲娜和她的小女兒出門，他們懷疑這對母女出事了，就報了警，帶著警察來到了德爾菲娜的住所。

3 月 1 日，警察在進入德爾菲娜家中後發現了一對陌生的男女：雷蒙德・費爾南德茲（Raymond Fernandez）和瑪莎・貝克（Martha Beck）。隨後，警察在搜查的過程中，在地下室發現了德爾菲娜母女的屍體。於是雷蒙德和瑪莎因涉嫌殺害德爾菲娜母女被逮捕。

在審訊過程中，警方告訴雷蒙德，如果他不認罪就會被送到紐約接受審問，紐約有死刑，而密西根州沒有。雷蒙德一聽就立刻招供了。最後雷蒙德和瑪莎還是被轉送到紐約接受審問，因為有證據顯示，兩人殺害了多達 20 名婦女。

雷蒙德和瑪莎透過孤獨心靈的廣告吸引單身女性，然後將她們一一殺死。在這場瘋狂的殺戮中，瑪莎扮演了十分重要的角色。他們為了將單身女子引誘到自己的住所，瑪莎常常假扮成雷蒙德的妹妹，這樣單身女子看到家裡還有另外一個女人，通常會放下警惕，同意留下來過夜。他們最初的目的是詐騙單身女子的錢財，後來為了防止事情敗露，就將被害人殺死。有幾次，瑪莎實在難以忍受自己的男人雷蒙德與

其他的女人纏綿，她就主動上前殺死了對方。

1949年初，一個66歲的富婆珍妮特・費（Janet Fay）被雷蒙德騙回了家。珍妮特已經單身很久了，她一直渴望能有個男友，或者結婚，當她看到孤獨心靈的廣告後立刻被吸引了，她以為自己終於遇到了真愛，於是就搬到長島和雷蒙德同居。她總覺得雷蒙德的「妹妹」瑪莎有點怪，但並未多心。

當瑪莎發現珍妮特與雷蒙德睡在一起後，妒火中燒，她拿了把錘子，趁著珍妮特熟睡之際，用力擊打珍妮特的頭部，珍妮特當場斃命。之後，雷蒙德便和瑪莎一起處理案發現場，並將珍妮特的屍體扔到了荒郊野外。

珍妮特的失蹤引起了家人的懷疑，他們懷疑珍妮特已經被雷蒙德殺死了。雷蒙德和瑪莎只能立刻逃出紐約。其實在珍妮特之前，已經有十多個單身女子被雷蒙德和瑪莎殺死了。兩人一邊逃亡一邊殺人，直到1949年2月，兩人來到了密西根州大急流城的一個小鎮，並以兄妹的身分住進了德爾菲娜這個年輕寡婦的家裡。

28日這天，德爾菲娜的情緒很糟糕，就吃下了雷蒙德遞給她的安眠藥，之後德爾菲娜便昏睡了過去。德爾菲娜的小女兒看到母親昏倒了，立刻大哭起來，她的哭聲惹惱了瑪莎，瑪莎上前掐住了小女孩的脖子，直接將她掐暈了。雷蒙德則將昏睡中的德爾菲娜開槍打死。

將單身女人通通殺掉—雷蒙德·費爾南德茲和瑪莎·貝克

在接下來的幾天內，德爾菲娜的小女兒一直哭鬧著要找媽媽，最後瑪莎實在無法忍受了，就將小女孩摁在裝滿水的浴缸裡，小女孩在掙扎了一會兒後溺亡了。為了掩蓋罪行，雷蒙德和瑪莎將德爾菲娜母女的屍體埋到了地下室。

儘管兩人都不承認罪行，但由於證據確鑿，兩人都被判處死刑，雙雙被送上了電椅。在臨死前，雷蒙德大聲喊道：「我要大聲喊出來，我愛瑪莎！」瑪莎覺得自己很幸福，她說：「我的故事是一個愛情故事，只有那些被愛折磨的人才能真正理解我。我不是一個沒有感覺、愚蠢或遲鈍的女人，我有偉大的愛情，而且至死都會擁護我的愛情。死亡只會讓我更加愛雷蒙德。」

瑪莎於 1920 年 5 月 6 日出生在美國佛羅里達州的米爾頓，舊姓西布魯克（Seabrook），由於腺體的問題，瑪莎從小身材就很肥胖，她為此苦惱不已。

瑪莎年幼時曾被哥哥性侵過，後來她將此事告訴了母親。瑪莎不僅沒有從母親那裡獲得安慰，反而遭受了一頓毒打，母親說是瑪莎自己犯賤。在那個年代，女性的地位很低，委屈不已的瑪莎只能選擇離家出走。

中學畢業後，瑪莎進入護校學習，她渴望畢業後能成為一名護士。畢業之後，瑪莎在找工作的時候四處碰壁，由於身材過於肥胖，沒有一家醫院願意聘用她。最後瑪莎只能暫

時放棄當護士,她希望能隨便找到一份工作來養活自己,她在一家殯儀館找到了一份工作,專門為女性死者進行儀容處理。

在殯儀館工作了一段時間後,瑪莎決定離開米爾頓。辭職後,瑪莎來到了加州,並成功在一家軍醫院找到了一份護士的工作。這家軍醫院的管理十分混亂,瑪莎工作後不久就被一個男人強姦了,更加糟糕的是她還懷孕了。後來,瑪莎只能去找那個強姦自己的男人,她想和他結婚,但對方卻拒絕了。

作為一個未婚的孕婦,瑪莎在軍醫院待不下去了,她只能回到家鄉,此時的她迫切渴望著能儘早擺脫單身,找個肯娶自己的男人。回到家鄉後,瑪莎對周圍的人說,她肚子中的孩子的父親是個軍人,她和孩子父親已經結婚了,不過孩子父親在太平洋戰爭中犧牲了。小鎮上的居民聽說了瑪莎的事蹟後都很同情她,後來她的事蹟還登上了當地的報紙。

瑪莎生下了一個女兒。沒多久,瑪莎和一個名叫阿爾弗雷德·貝克(Alfred Beck)的巴士司機混在了一起。在瑪莎又懷孕後,貝克就與她結婚了。但這段婚姻只持續了短短6個月,貝克就提出了離婚,瑪莎又成了單身,還帶著兩個孩子。

由於現實生活太困苦,瑪莎便開始沉迷於愛情小說和電

將單身女人通通殺掉─雷蒙德·費爾南德茲和瑪莎·貝克

影，整天幻想著能有個男人從天而降，結束自己困苦的生活。為了盡快擺脫單身，瑪莎在報紙上刊登了一則徵婚廣告。這則徵婚廣告自從刊登以來，就無人問津，就在瑪莎準備放棄的時候，一個名叫雷蒙德·費爾南德茲的男人回應了她。

雷蒙德是個劣跡斑斑的詐騙犯，他根本沒打算和瑪莎在一起，只是想從瑪莎那裡騙點錢。

雷蒙德是西班牙裔，在夏威夷出生。在服役之前，雷蒙德和許多普通男人一樣有個幸福的家庭：賢惠的妻子和4個可愛的孩子。第二次世界大戰開始後，雷蒙德和許多男人一樣應徵入伍，被送往歐洲戰場。戰爭結束後，雷蒙德和其他倖存的士兵乘船從英國返回美國。途中，雷蒙德出事了，他在船上被一扇艙門擊中了頭部，使得大腦的額葉嚴重受損。

從那以後，雷蒙德就好像變了一個人，他開始有變態的性衝動，變得易怒、衝動、情緒波動大。雷蒙德不僅拋妻棄子，還開始頻繁盜竊和詐騙，專門詐騙單身女性的錢財。他甚至還信起了巫毒教和黑魔法，認為自己能從中獲得力量，並變得更富魅力。

對於瑪莎來說，雷蒙德是個外形很不錯的男子。當雷蒙德透過徵婚廣告聯絡到瑪莎的時候，她驚喜極了，畢竟對於她這樣身材肥胖的女子來說，能找到雷蒙德這樣身材不錯的男人，簡直太幸運了。

雷蒙德在與瑪莎相處了一段時間後發現，瑪莎不僅沒錢，還帶著兩個拖油瓶，於是他就離開了瑪莎，回到了紐約。

　　雷蒙德這一走把瑪莎的心也帶走了，她顧不上兩個孩子，緊跟著去了紐約。瑪莎這種不顧一切的舉動讓雷蒙德刮目相看，之後他發現瑪莎對自己的任何要求都無條件接受，甚至連不良嗜好也全部迎合，他覺得瑪莎一定很愛自己，就將自己所犯的盜竊罪、詐騙罪都一一托出。瑪莎一聽，覺得雷蒙德能將這麼重要的祕密告訴她，一定很愛她，她越發覺得雷蒙德是自己的真愛。從此後，兩人就開始誘騙、殺害單身女性，瑪莎覺得那些被殺死的女人都活該，誰叫她們都是單身。

將單身女人通通殺掉—雷蒙德·費爾南德茲和瑪莎·貝克

【前額葉皮層受損】

前額葉皮層對每個人來說都十分重要，它與自我控制能力密切相關。如果一個人因生病、意外事故導致前額葉皮層受損，那麼即使他幸運地保住了性命，並且智商和行動都不會受損，他也會發生性情大變的情況，變得難以控制自己，行為衝動。總之，一個人的前額葉皮層一旦受到損傷，他的社交能力、自制能力和自我調適的能力都會下降。

如今，哈佛大學的醫學博物館裡還儲存著費尼斯·蓋奇（Phineas Gage）的顱骨，他是著名的前額皮層受損害的案例。

在意外事故發生前，蓋奇是個工作努力、很受人們歡迎的普通鐵路工人。當他大腦中的前額葉皮層因意外事故嚴重受損後，他變成了一個粗俗無禮、性情衝動的人，還因此丟掉了工作。周圍的人都覺得「蓋奇與以前不一樣了」。這與雷蒙德的經歷十分相似，如果雷蒙德沒有被艙門擊中頭部，他的前額葉皮層完好無損，那麼他就不會頻繁盜竊和詐騙，更不會成為一個連環殺手。

這些案例說明，前額葉皮層受損會使一個人變得衝動且具有反社會傾向。甚至可以說，前額葉皮層受損會直接導致一個人出現反社會和暴力的行為。許多腦成像掃描的結

果均顯示，謀殺犯和有反社會傾向的人大多有前額葉受損的問題。

　　作為一個長期處於單身且身材肥胖的女人，瑪莎雖然一直強調自己是為了愛情，並將自己的謀殺故事美化成愛情故事，實際上她至死也沒意識到那些被自己殺死的女人都是自己過去的影子罷了，她自己也曾處於單身的狀態，甚至比一般的單身女子更悽慘。在心裡，瑪莎一直很憎恨曾經單身的自己。

將單身女人通通殺掉—雷蒙德·費爾南德茲和瑪莎·貝克

英國服刑時間最長的罪犯——
伊恩·布雷迪與米拉·韓德麗

英國服刑時間最長的罪犯—伊恩・布雷迪與米拉・韓德麗

1965年10月7日,英國曼徹斯特的警察局有一名男子前來報案,他就是大衛・史密斯(David Smith)。他目睹了一場血腥的謀殺案,他的妹夫伊恩・布雷迪(Ian Brady)用斧頭砍殺了一名十幾歲的少年,他說:「我先聽到了一聲慘叫,之後慘叫聲持續不斷,米拉喊我去幫忙伊恩,我就跑到臥室去察看情況,當時我看到一個少年躺在沙發上,伊恩就踩著他的腿站在他身上,那個場面混亂極了,伊恩好像還喝了點酒,之後我看到伊恩用斧頭砍下了他的頭。」

米拉・韓德麗(Myra Hindley)是大衛的妻妹,經常因順手牽羊進警察局。大衛剛剛經歷了喪子之痛,每天都生活在暴躁和焦慮之中,後來他在布雷迪的開導下慢慢開始接受布雷迪「世界原本就如此殘酷」的說法,並被布雷迪身上所散發的邪惡氣息所吸引。在布雷迪的引導下,大衛接受了各種納粹讀物,成為布雷迪的崇拜者,答應加入布雷迪的搶劫銀行行動中。

10月6日的晚上,布雷迪讓大衛來「入夥」。所謂的入夥,就是讓大衛參與到殺人行動中,大衛被這血腥殘忍的一幕嚇壞了,第二天就去警察局報了案。

警方按照大衛所提供的地址來到了布雷迪的住所。當布雷迪和韓德麗看到警察後十分鎮定,沒有表現出任何慌亂。警方進入房間後,發現客廳十分乾淨、整潔,絲毫不像作案現場。後來警方提出上樓察看,布雷迪說韓德麗的祖母正在

樓上睡覺，她不喜歡被人打擾。警方沒有理睬直接上了樓，然後在一個塑膠袋裡發現了一具屍體，當時屍體被捆綁起來，顯得只有嬰兒般大小。

當警方質問布雷迪和韓德麗，他們的家為什麼會有一具屍體時，兩人顯得很鎮定，也很團結，他們一口咬定凶手是大衛，他們什麼也沒做，這一切都是大衛乾的。幸運的是，大衛除了是目擊證人外，還提供了其他證據，他告訴警方在曼徹斯特中央車站的保管箱裡藏著布雷迪和韓德麗犯罪的照片和錄影。

這些證據揭開了從1963年7月起曼徹斯特接連發生的系列兒童失蹤案的真相。警方從中央車站的保管箱裡發現了9張猥褻照片和一段13分鐘的求救影像。在這些照片中，有10歲失蹤女童萊斯麗的裸體照片，還有布雷迪和韓德麗在被害兒童屍體旁的合影。在那段錄影中，有被害人尖叫著：「我要找媽媽！」也有布雷迪和韓德麗惡魔般的聲音，他們的聲音聽起來顯得很享受，一點也沒有因為一個孩子的恐懼尖叫而感到難過。

警方還注意到有些照片中可以看到一條寵物狗的身影，這是韓德麗的寵物狗。警方為了掌握更充足的證據，決定請獸醫來鑑定牠的年齡，認為這可以幫助警方定罪。但獸醫在替寵物狗進行全身麻醉的時候沒有掌握好劑量，寵物狗因麻醉導致了腎衰竭死亡。當韓德麗得知自己的寵物狗死亡時，

英國服刑時間最長的罪犯—伊恩・布雷迪與米拉・韓德麗

情緒十分激動,她朝著警察喊道,都是警察害死了她的寵物狗。

在審訊之中,布雷迪和韓德麗表現得很團結,他們一致將罪名推到大衛的身上,而且他們還表現得十分自信,甚至已經到了傲慢、狂妄的地步,堅決不肯承認任何罪行,否定所有不當的行為。後來警方根據照片確定沙德伍茲沼澤就是兩人的拋屍地點,警察們帶著警犬在沼澤地搜索,月底警方找到了3名被害人的遺體和一些遺物,並對布雷迪和韓德麗提起了訴訟。

1966年5月6日,陪審團在經過兩個小時的討論後終於做出判決,認定布雷迪犯有3項謀殺罪,他被判處3個終身監禁。韓德麗犯有兩項謀殺罪及包庇罪,被判處兩個終身監禁和7年刑期。本來,兩人應該被判處死刑,但由於當時英國的《廢除死刑法案》剛剛生效,於是兩人就被免去了死刑。

布雷迪和韓德麗的罪行自從曝光後，立刻在整個英國瘋狂流傳，而大衛一時間成了風雲人物，他靠著向媒體和出版社售賣布雷迪和韓德麗的故事發了一筆橫財。布雷迪和韓德麗的名字也成了惡魔的代名詞，人們都不再為女兒取和韓德麗相同的名字。

　　法官在宣讀審判結果時表示，布雷迪是個無可救藥的人，有著難以置信的邪惡，永遠也不得獲得假釋。但法官對韓德麗的看法卻不同，他認為韓德麗受到了布雷迪的邪惡影響才變成了一個冷血的人，或許將來韓德麗能夠改過自新，某天可能會被釋放。韓德麗牢牢記住了「可能被釋放」這句話，自從入獄後就開始不停地上訴，直到 1982 年，法官判處她服刑 25 年。之後韓德麗開始努力申請假釋，不斷被駁回。

　　按照英國的法律規定，內政大臣有決定殺人犯監禁年限的權力。1990 年代，英國時任內政大臣大衛·沃丁頓（David Waddington）決定將韓德麗判定為終身監禁的囚犯。1997 年，時任內政大臣麥可·霍華再次將韓德麗判定為終身監禁的囚犯。這樣一來，韓德麗就漸漸放棄了有生之年走出監獄的希望。

　　入獄後，警察廳總督彼得·道平經常到監獄探望韓德麗，他希望韓德麗能主動承認罪行，並與警方合作找到其他被害人的屍體。一位被害人的母親甚至還寫了一封長信給韓德麗，她希望韓德麗能夠提供藏屍的地點。

英國服刑時間最長的罪犯─伊恩・布雷迪與米拉・韓德麗

　　1987年,韓德麗承認了所有的罪行,並決定幫助警察尋找屍體,在她的帶領下警方派出了大量警力展開了搜查工作,但結果卻是一無所獲。彼得認為,韓德麗這麼做並非出於愧疚之情,只是為了搶在布雷迪之前得到公眾的認可。

　　入獄之初,韓德麗和布雷迪之間一直保持著通訊,但在第五個年頭,韓德麗寫信告訴布雷迪,她要和布雷迪分手,因為她愛上了獄警。這名獄警名叫帕特麗夏(Patricia Cairns),自從成為韓德麗的同性戀女友後,她受到了降級處分,但帕特麗夏似乎並不在意,甚至還和韓德麗一起策劃了一起越獄事件,幸運的是被另一名獄警及時發現,帕特麗夏也因此被判處了6年監禁。

　　這時,韓德麗得知一個名叫安東尼・安德森(Anthony Anderson)的殺人犯正在上訴,要求英國政府解除內政大臣決定殺人犯監禁年限的權力。英國議會決定就這一議題展開討論,2002年5月討論結果出來了,上議院規定內政大臣不得再否決假釋委員會所提出的釋放日期,也就是說內政大臣失去了決定殺人犯監禁年限的權力。這意味著韓德麗有獲得提前釋放的可能。之前監獄官員和假釋委員會在評估報告裡表示,韓德麗在服刑期間有所進步,已經對自己曾經犯下的罪行做了懺悔且不再具有危險性,這進一步增加了韓德麗獲得自由的可能性。

　　在服刑期間,韓德麗透過自己的努力獲得了英國公開大

學的學位,重新開始信仰羅馬天主教,她在15歲之前一直是天主教徒。韓德麗對自己的律師說,她是個悔過的罪人,卻沒有人願意相信她是真心悔過,她不想在監獄裡繼續待下去,她希望自己能以一個自由人的身分死去。

此時的韓德麗已經60歲了,健康方面出現了許多問題,並在11月分因舊病復發住進了西薩弗克郡醫院。15日,韓德麗在醫院病逝,這讓英國的內政部門鬆了一口氣,如果韓德麗按照上議院的規定走出監獄,那勢必激起公眾的憤怒。

2002年11月20日,監獄方終於找到了一家肯為韓德麗火化屍體的殯儀館。自從她去世以後,當地有20多家殯儀館公開拒絕為她火化。4個月後,韓德麗的同性女友帕特麗夏想要將她的骨灰撒到塞德沃斯附近一處野外公園,消息一經傳出立刻引起了當地的恐慌,後來韓德麗的骨灰被祕密處理掉。

在韓德麗去世的同時,布雷迪一直在進行絕食抗議。自從1985年被診斷出患有嚴重的精神病後,布雷迪就被轉移到了一個守衛森嚴的精神病院裡接受治療。自1999年9月30日起,布雷迪就開始了絕食抗議,他的目的是想要尋死,在得知韓德麗因病逝世的消息後,布雷迪說:「我嫉妒韓德麗,她患上了致命的疾病,我卻要一直抗爭到死,我早已受夠了這種生活,我什麼都不想要,我的目的就是想死,從而獲得解脫。」

英國服刑時間最長的罪犯—伊恩‧布雷迪與米拉‧韓德麗

但在這座精神病院裡有一項規定，患者不能尋短見，自從院方發現布雷迪的絕食行為後就開始對他實施強制餵食，後來開始透過點滴維持生命。直到 2017 年 5 月 16 日，已經 79 歲的布雷迪才因肺癌晚期和嚴重的肺氣腫在精神病院裡逝世，布雷迪因此成了英格蘭和威爾士境內服刑時間最長的罪犯。

1938 年，布雷迪出生於一個貧困家庭，從小飽受貧困折磨，再加上被母親拋棄，布雷迪從小極度缺乏安全感。布雷迪與父親的關係十分疏遠，這種父子關係在當時的社會中並不罕見。

青少年時期，布雷迪開始參與犯罪並屢次被捕，從那時起布雷迪就開始仇視社會，他的心裡埋下了仇恨的種子，一直都覺得司法不公、社會殘酷。也就是從那時起，布雷迪開始出現思覺失調的徵兆，每天都被恐怖的幻覺所折磨。

由於總是犯罪被捕，法官考慮到布雷迪還很年輕，不應該繼續在一個缺乏管束的環境中長大，於是就將他判給母親管教。他的母親自從拋棄他之後，又再婚了，布雷迪因此必須和繼父一起生活，也跟隨繼父改姓布雷迪。

後來，布雷迪開始酗酒並漸漸迷上了性變態的文學作品和納粹主義的書籍，他覺得自己找到了人生信仰，從那以後布雷迪便開始了死亡和殺人的幻想。

色情文學作品的存在一直飽受爭議，一些人覺得色情文

學可以使人平息慾望,讓一種變態的慾望得到合理的發洩;另一些人卻認為色情文學會激發人性深處邪惡的慾望,有些人會模仿色情文學,有調查數據顯示,許多連環殺手都收藏著色情暴力文學作品,並在作案過程中對其進行模仿。

與布雷迪不同,韓德麗成長於曼徹斯特戈頓區一個普通的家庭,由祖母艾倫(Ellen Maybury)撫養長大,艾倫十分疼愛韓德麗,韓德麗從祖母那裡獲得了許多關愛。哥頓區聚集了大量家庭,大家的生活水準都差不多。韓德麗與父親的關係十分疏遠,但這在當時是很普遍的社會現象,許多孩子都與父親很疏遠。

後來,韓德麗進入一所現代中學讀書。在她15歲時,她的一個好朋友麥可・希金斯(Michael Higgins)在水庫游泳時淹死了,麥可死的時候只有13歲。這個意外事件對韓德麗造成了不小的打擊,她在麥可過世數月後患上了憂鬱症,韓德麗一直覺得自己當天應該答應麥可一起去游泳,因為她的游泳技術很好,如果她在場一定能救下麥可,那麼麥可就不會死了。校方認為韓德麗的精神狀態不適合繼續待在學校裡,於是就勒令她退學。

在遇到布雷迪之前,韓德麗和所有普通的女孩一樣正常,有一些好朋友,很喜歡化妝和穿漂亮衣服,她還是個天主教徒,十分喜愛小動物。

英國服刑時間最長的罪犯—伊恩·布雷迪與米拉·韓德麗

　　1957年，韓德麗輟學後在一家電子工程公司找到了一份初級技師的工作。兩年後，韓德麗和一個當地男孩羅尼（Ronnie Sinclair）訂婚，不過她很快單方面取消了婚約。

　　1961年1月16日，韓德麗在一家化學公司找到了一份打字員的工作。在這裡，韓德麗遇見了比自己大4歲的布雷迪，她一看到布雷迪，就立刻愛上了他。韓德麗覺得布雷迪雖然不愛笑，卻是一個沉穩的男人。但布雷迪的態度卻很冷淡，似乎對韓德麗一點興趣也沒有。

　　12月22日，聖誕節快要來臨之際，韓德麗所在公司舉辦了一個聖誕節派對。派對上，喝得醉醺醺的布雷迪主動提出邀請韓德麗去約會，韓德麗自然立刻答應了自己的心上人。

　　在布雷迪的帶領下，韓德麗和他一起去電影院看了電影《紐倫堡大審》。一個星期後，布雷迪開始安排韓德麗聽納粹的歌曲，並鼓勵她閱讀一些納粹的書籍。自從韓德麗開始和布雷迪交往，她的生活就開始偏離正常軌道，只和布雷迪待在一起。

　　在經過一段時間的相處後，韓德麗發現布雷迪不僅是個雙性戀，還是個喪心病狂的虐待狂。在韓德麗被捕後她在接受媒體採訪時表示，當時她曾多次想要逃離，但都被布雷迪抓回來，遭到他的毒打。後來，韓德麗認命了，不再逃跑，

並漸漸接受了布雷迪向她灌輸的變態的人生哲學,她不再相信上帝的存在,不再去教堂參加活動,甚至開始迎合布雷迪的喜好。

起初,韓德麗會和布雷迪相互拍攝色情全裸圖片,後來韓德麗開始按照布雷迪的要求參加一個槍支俱樂部,幫他購買手槍,因為布雷迪是個慣犯,早已被法院剝奪了購買槍支的許可證。

當布雷迪告訴韓德麗,他想搶銀行,需要她的幫助時,韓德麗接受了,她開始去參加駕駛培訓班,以幫助布雷迪在逃跑時開車。布雷迪還對韓德麗進行了射擊訓練,但韓德麗的槍法太爛,布雷迪只能放棄搶銀行,他告訴韓德麗自己要成為一個最完美的連環殺手,而韓德麗是他最棒的搭檔。之後,兩人頻繁出入圖書館,借閱一些犯罪、刑偵題材的書籍。

1963年7月12日,布雷迪和韓德麗聯手開始了首次作案,16歲的寶琳·里德(Pauline Reade)在去參加舞會的路上失蹤。寶琳是韓德麗的鄰居,她很信任韓德麗,在韓德麗提出要搭載她一程時,寶琳沒有任何猶豫就上了車。這其實是布雷迪精心策劃的死亡陷阱,而他就騎著一輛機車跟隨在汽車後面。

韓德麗將車開到了郊外的沙德伍茲沼澤,這是布雷迪選

英國服刑時間最長的罪犯—伊恩·布雷迪與米拉·韓德麗

擇的作案場地，他覺得這裡既方便殺人又能處理屍體，是絕佳的犯罪場所。韓德麗將車停好後對寶琳說，她的手套在這裡弄丟了，如果寶琳能幫她找到手套，她會給寶琳一些唱片作為答謝。寶琳立刻同意了，跟著韓德麗下車來到了沼澤深處，她沒有注意到後面尾隨的布雷迪。

布雷迪在強姦寶琳後，就殘忍地用刀割斷了她的喉嚨。被捕後的韓德麗曾提及這次謀殺：「他（布雷迪）在殺死她後叫我看她的屍體，然後我看到了自己一生中最難忘的一幕，我立刻跑得遠遠的，站在那裡看著漸漸變灰暗的天空。從那一夜起，我的靈魂、我的上帝就和她一起死了。」

後來，韓德麗和布雷迪一起處理了寶琳的屍體，他們之前還專程在汽車後車廂裡放了鐵鍬用來掩埋屍體。這只是他們連環殺人的開始，從那以後韓德麗變得和布雷迪一樣冷血，並漸漸開始從殺人中體會快感。

1963年11月23日，12歲的約翰·基爾布萊德（John Kilbride）遇到了布雷迪，布雷迪對他說只要跟他走，他就能給他一些雪利酒。布雷迪將約翰帶到了沙德伍茲沼澤，對約翰實施性侵後勒死了他。

1964年6月16日，12歲的凱斯·班尼特（Keith Bennett）在去往祖母家的途中被布雷迪強行擄到車上，帶到沙德伍茲沼澤性侵並殺害，他的屍體也被掩埋在了這片沼澤地之中。

1964 年 12 月 26 日，布雷迪和韓德麗在參觀一個展覽時看到了 10 歲的萊斯麗・安・唐尼（Lesley Ann Downey），他們將萊斯麗騙到了自己的住所。之後，萊斯麗的衣服被扒光，被迫拍下許多裸照。最後，布雷迪開始折磨和強姦萊斯麗，而韓德麗則在一旁錄音。之後，萊斯麗被殺死了，第二天早上她的屍體被布雷迪、韓德麗開車載到沙德伍茲沼澤掩埋。

　　這次的殺人對於布雷迪來說帶著一些冒險的意味，因為把被害人帶到公寓殺死會增加曝光的風險，但同時他也很滿意這次謀殺，因為他延長了性虐待的快感。

　　1965 年 10 月 6 日，布雷迪為了向大衛證明自己的犯罪實力，就到曼徹斯特中央火車站誘騙了一個 17 歲的學徒工程師愛德華・埃文斯（Edward Evans）。最後布雷迪當著大衛的面用斧頭砍死了愛德華，這也使得他和韓德麗的罪行最終曝光。

　　其實，自從大衛加入這個犯罪集團後，韓德麗就開始嫉妒和不滿，她不再對布雷迪唯命是從，兩人之間的爭吵也越來越多，布雷迪甚至產生了想要和韓德麗結束戀人關係的念頭，但當警察找上門後，他們立刻團結起來。

【適應暴力的天賦】

布雷迪顯然在這一系列殺人案件中占據主導地位，而韓德麗只是一個追隨者。布雷迪能從虐待和殺人中感受到快樂和享受，還能獲得性快感。對於韓德麗來說，她只要迎合了布雷迪的喜好就會覺得快樂，她自認是布雷迪最棒、最忠誠的搭檔，並以此為榮。

在最初的作案中，布雷迪顯得十分謹慎，他會在殺人前制定周密的計畫，完善到每一個細節，甚至連處理屍體的細節都會進行考慮。韓德麗則扮演了一個十分重要的執行者的角色，因為女性一般被認為沒有威脅性，警方也不會將兒童失蹤與她聯想在一起，因此韓德麗能輕易引誘被害人上車並不會引起懷疑。

布雷迪的成長環境決定了他不擅長人際交往，平日裡總愛板著一張臉，看起來很難相處。但韓德麗卻在與布雷迪成為情侶前有許多朋友，也就是說她有一定的人際交往經驗和技能，從而幫助她輕易取得被害人的信任。

韓德麗對布雷迪的忠誠由於大衛的加入而動搖，她開始和布雷迪發生爭吵，因為她覺得自己不再是布雷迪唯一的搭檔，但當大衛報警後，韓德麗會立刻站在布雷迪一邊，以十

分堅定的態度維護布雷迪，將所有罪行都推到大衛身上，因為此時她自動恢復了布雷迪忠誠追隨者的角色。

韓德麗在遇到布雷迪之前，是個完全正常的女孩，她是個天主教徒，還很喜歡小動物。因此許多人，包括審理案件的法官都認為韓德麗不像無可救藥的布雷迪，如果她沒有遇到布雷迪，很可能過著正常人的生活。

但韓德麗只是表面上看起來和正常人無異，實際上她的人格並不正常，這一點在她的自傳裡表現得十分明顯。大衛雖然是警察局的常客，但他卻擁有一個正常的人格，在看到布雷迪殺人後立刻決定離開這個犯罪集團到警察局報案，這才是正常人做出的反應。

韓德麗在成為布雷迪的犯罪搭檔前，就是一個性格堅毅的女孩，也可以說不會輕易動感情，比正常人顯得冷血。在心理專家看來，像韓德麗這樣的人格，能夠很快適應暴力，因為此類人格的人具有強大的心理承受能力，這是一種特殊的天賦。

像韓德麗這樣的人，她的人格中缺少一部分人類情感，不會因暴力而感到恐懼和痛苦，既會成為一個冷血的連環殺手，也會成為一名無所畏懼的優秀士兵，特別適合一些特殊的職業，例如特種兵、狙擊手、特務、刺客。因為這些職業需要一個人無情，在殺人的時候不會恐懼和痛苦，過後也不會被內疚感所折磨。

英國服刑時間最長的罪犯─伊恩·布雷迪與米拉·韓德麗

對於擁有正常情感的人來說,像特種兵、刺客這樣的職業根本就不合適,即使經過了十分嚴格的專業訓練,最後也只能是個三流的特種兵或刺客,因為他的正常情感不允許他毫無波瀾地殺人。但對於韓德麗這樣的人來說,她能很快適應暴力,並成功地完成殺人的任務,在扣動扳機,甚至是盯著一個人的雙眼將他殺死時都會保持絕對的冷靜。像韓德麗這樣的人在社會中存在一定的比例,是獨特的少數,可能會給社會帶來威脅,也可能會成為一名優秀的戰士。

布雷迪的最後一次殺人是在喝醉後進行的,而且他殺死愛德華後並未馬上處理屍體。這與布雷迪之前謹慎的作案風格明顯不同,他的行為好像失控了。

犯罪心理專家認為,布雷迪這種失控的殺人行為在連環殺手中十分常見,許多像布雷迪一樣謹慎、狡猾的連環殺手,在初次作案時都十分小心、謹慎,避免被警察盯上。但隨著作案次數的增加,連環殺手會因為成功殺人而變得自信甚至自大起來,會產生一種錯誤的自我認知,覺得自己完全掌控了局面,警察就是一群廢物,於是他開始漸漸迷失自我,在做決定的時候不會小心翼翼地考慮風險。

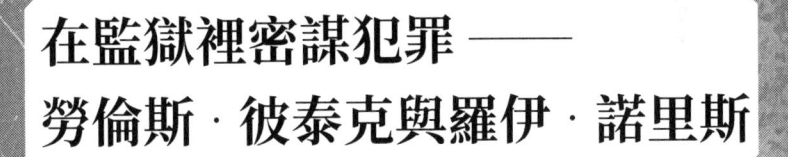

在監獄裡密謀犯罪 ——
勞倫斯・彼泰克與羅伊・諾里斯

在監獄裡密謀犯罪—勞倫斯·彼泰克與羅伊·諾里斯

　　1979年11月1日，居住在洛杉磯郊區的一名晨跑者像往常一樣跑步，他在經過一棟房子前的草坪時，似乎看到有個人躺在草坪上。他走近一看，整個人立刻被嚇呆了：那是一具被折磨得不成人形的屍體，看起來十分恐怖。晨跑者立刻報了警。死者是16歲的雪莉·萊內特（Shirley Lynette Ledford），她是被勒死的，而且生前遭受了非人的折磨，這起性質十分惡劣的案件登上了各大報刊的頭版頭條。

　　不久之後，一個名叫約瑟夫·傑克森（Joseph Jackson）的男人來到了警察局，他告訴警方，當從報紙上看到雪莉遇害的新聞後，立刻想起了一個人，他懷疑此人就是殺死雪莉的凶手，這個人名叫羅伊·諾里斯（Roy Norris）。他是在坐牢時認識諾里斯的，兩人的關係很熟絡，諾里斯曾向自己吐露過殺死雪莉的過程，諾里斯還提到了一個同夥。諾里斯說他十分擔心那名瘋狂的同夥會朝自己或自己的女兒下手，因為同夥似乎已經失控了。傑克森還提到了一輛被改裝過的小型貨車，諾里斯說他與同夥經常開著這輛小型貨車去街上綁架女人。

　　傑克森所提到的小型貨車立刻讓警方聯想起了一個月前接到的3起綁架案。第一起綁架案發生在9月27日，一名女子在被兩名陌生男子強行帶進一輛貨車時，趁他們不備設法逃了出來。9月30日這一天，一共發生了兩起綁架案。其中一起綁架案的被害人是簡·馬林（Jan Malin），她成功從貨車上逃了出去。另一起綁架案的被害人是羅賓·羅貝克（Robin

Robeck），她被兩名男子綁架並強姦，後來成功逃脫。

後來警方找到了羅賓，希望她能辨認出兩名綁架者，但是她認不出來。與此同時，警方開始全天候地監視諾里斯。幾天後，警方發現諾里斯攜帶大麻，這是違反假釋條例的行為，於是警方立刻逮捕了諾里斯。

來到警察局沒幾天，諾里斯開始意識到自己的罪行不僅攜帶毒品那麼簡單，他懷疑警方已經發現了自己更嚴重的罪行，於是他同意了警方的認罪求情協定，以汙點證人的身分交代了所有罪行。

1975年，諾里斯因強姦罪被判入獄，他被送到加利福尼亞州的一所監獄裡服刑，在這裡他認識了38歲的勞倫斯‧彼泰克（Lawrence Bittaker）。兩人很快就成了無話不談的好朋友，天天膩在一起，似乎總有談不完的話題。實際上，兩人有著相同的犯罪欲望，他們常常在一起暢想出獄後如何犯罪。

1978年10月15日，彼泰克出獄了，他去了洛杉磯，並找到了一份機械師的工作。1979年1月15日，諾里斯出獄了，他回到了家鄉和母親居住在一起，找到了一份電工的工作。不久之後，諾里斯就收到了彼泰克寄來的信。信中彼泰克邀請諾里斯去洛杉磯，然後一起實現他們在監獄裡所暢想的一切。

兩人先合夥購買了一輛小型貨車，車內裝著滑動門，可

在監獄裡密謀犯罪—勞倫斯・彼泰克與羅伊・諾里斯

以方便他們從街上綁架女人。他們還把這輛小貨車改裝了一番，在內部安裝了一張床、一個冷卻器和一些家用工具，他們還替小貨車取了一個名字，叫「謀殺麥克」（Murder Mac）。

之後，兩人就駕駛著這輛小貨車上路了，他們在公路上遊蕩著，尋找合適的犯罪場所。最後他們在聖加布裡埃爾山發現了一條廢棄的消防通道，這裡已經荒廢了很長時間，不會引起人們的注意，是個非常合適的犯罪場地。於是他們撬開了通道的大門，換上了準備好的鎖，將此地當成了自己的私人領地。

彼泰克和諾里斯並未馬上實施犯罪，他們開始了犯罪練習，練習著如何讓一名女子放下防備，主動上他們的車，他們假裝成為女性提供免費搭載的好心人。在成功搭載了 20 多個女子後，他們覺得時機已經成熟了，開始打算綁架年輕女子。

1979 年 6 月 24 日，當彼泰克和諾里斯像往常一樣開著

貨車到海灘上和女孩們喝酒、抽大麻時，他們注意到了一個女孩，決定立刻朝她下手。

被盯上的女孩是16歲的露辛妲·謝弗（Lucinda Lynn Schaefer），剛剛參加了一個教會會議，準備步行去祖母家。彼泰克和諾里斯假裝開車路過此地，他們將車停下來邀請露辛妲上車，表示可以免費搭載她一程。露辛妲的警惕性很高，她拒絕了這兩個陌生男子的「好意」。於是，彼泰克和諾里斯立刻將車停在人行道旁，等露辛妲走近的時候，突然開啟車門，強行將露辛妲拉上了車。露辛妲立刻尖叫起來，但車上嘈雜的收音機聲音蓋過了露辛妲的呼救聲。

小貨車載著露辛妲來到了山谷中廢棄的消防通道裡。在這裡，露辛妲遭受了兩人的強姦和折磨。事後，諾里斯提出將露辛妲放走，卻遭到了彼泰克的反對，他認為如果放走露辛妲，露辛妲一定會報警，到時候兩人又得進監獄。於是兩人決定將露辛妲殺死。據諾里斯的供述，他當時掐住了露辛妲的脖子想將她掐死，但看到露辛妲的眼神後就再也下不去手了，他有了一種噁心的、想吐的感覺。殺死露辛妲的人是彼泰克，他用鋼絲勒住露辛妲的脖子，直到露辛妲窒息而死。最後他們二人將露辛妲的屍體包裹在浴簾中，扔到了聖加布里埃爾山峽谷。

這次殺人成功後，二人很快再次作案。7月8日，當他們開著小貨車在高速公路上尋找目標的時候，發現一名女子

在路邊伸出了大拇指,這是要搭便車的手勢。這名女子是18歲的安德莉亞·霍爾(Andrea Joy Hall),很喜歡徒步旅行,她當時想要搭乘便車到雷東多海灘。

就在彼泰克和諾里斯準備靠近安德莉亞時,一輛車停了下來,安德莉亞上了那輛車。看到獵物突然被人搶走了,兩人很不甘心,於是就開車跟在那輛車後面。一會兒,那輛車停了下來,安德莉亞從車上下來了。這時,彼泰克和諾里斯立刻將車靠近安德莉亞,熱情地邀請安德莉亞上車。

等安德莉亞一上車,彼泰克就問她想不想喝飲料,說他車裡的冷卻器裡有飲料。就在這時,諾里斯突然拿出準備好的繩子,打算將安德莉亞綁起來。但諾里斯並未得逞,安德莉亞躲過了他的攻擊,兩人很快扭打在一起。最終諾里斯制服了安德莉亞,並將她綁了起來。

當兩人將安德莉亞帶到廢棄的消防通道後,就開始強姦她,還拍攝了許多色情的照片。在殺死安德莉亞前,彼泰克對她說:「妳說個讓我不殺妳的理由。」其實不論安德莉亞說什麼,她的下場都一樣。最後彼泰克將一個錐子插進了安德莉亞的右耳裡,企圖將安德莉亞殺死,當他發現安德莉亞還活著時,就將錐子拔了出來,用手掐死了安德莉亞。

1979年9月3日,彼泰克和諾里斯在何爾摩沙海灘附近的一個公車站裡看到了兩個正在等車的少女,她們分別是15

歲的賈姬‧吉利姆（Jackie Doris Gilliam）和 13 歲的賈奎琳‧蘭普（Jacqueline Leah Lamp）。兩人偽裝成慈愛的叔叔，將兩個女孩騙到了車上。她們本以為只是搭個便車，結果卻落入了死亡的陷阱中。

當賈姬和賈奎琳發現行駛方向不對時，就起了疑心，這兩個中年男人也無意再繼續偽裝下去，直接拿出放在塑膠袋裡的鉛錘將賈奎琳擊昏，就在他們準備將賈姬也擊昏時，賈奎琳突然醒了過來，她開啟車門跑了出去。

彼泰克立刻將車停下來，開始追捕賈奎琳。附近剛好有個球場，當時有一群人正在觀看比賽。彼泰克抓住賈奎琳後對那些人解釋說，賈奎琳剛剛吸了毒，然後帶走了賈奎琳。觀看比賽的人也沒意識到不對，沒有一個人報警。

彼泰克將賈奎琳捆好後就將車開到了廢棄的消防通道，然後和諾里斯開始強姦和折磨賈姬，對於賈奎琳，他們似乎沒什麼興趣。當二人發現賈姬是處女時，更加興奮，還特地將強姦和折磨賈姬的過程都拍攝下來。在之後的兩天內，二人一直在強姦和折磨賈姬，而毫無反抗的賈姬讓他們很滿意。

當二人對賈姬失去興趣後，就開始討論如何處理賈姬和賈奎琳。最後彼泰克用殺死安德莉亞的方式將賈姬殺死，之後和諾里斯一起將賈奎琳擊暈，然後勒死了她。兩名被害人

的屍體與之前的被害人一樣都被他們扔到了荒郊野外。

1979年10月31日，二人從洛杉磯郊區的一個加油站內綁走了16歲的雪莉，這是最後一名被害人，也是遭受折磨最嚴重的一名被害人。雪莉認識彼泰克，他經常去她上班的餐廳裡吃飯。於是當彼泰克將車停在她面前時，雪莉絲毫沒有猶豫，就上了車。

後來彼泰克將車開到了一個偏僻的地方，讓諾里斯將雪莉捆綁起來，並堵住了她的嘴巴。之後兩人就在車裡開始強姦和虐待雪莉，還將整個過程都拍攝下來，這段錄影也成了指控二人的證據。

最先折磨雪莉的是彼泰克，他讓諾里斯來開車，然後開始強姦和折磨雪莉。期間雪莉一直在痛苦地尖叫，彼泰克反而變得更加興奮起來。

之後彼泰克接替諾里斯開車，諾里斯開始折磨雪莉。此時的雪莉已經被彼泰克折磨得奄奄一息，她只求能趕緊死亡來結束她的痛苦。但諾里斯對雪莉的反應很不滿，他希望聽到雪莉的尖叫聲，於是就用錘子狠狠地砸向雪莉的手臂。最終諾里斯用鐵絲衣架勒死了雪莉。這一次二人並未將屍體扔到荒郊野嶺，而是扔到了一戶人家的草坪上，因為他們很想看看這家人看到這具屍體後會有什麼反應，同時他們也想引起媒體的注意。

諾里斯交代完上述所犯的罪行後，就開始協助警方尋找除雪莉外其他被害人的屍體，他還答應警方會出庭指控彼泰克。最後諾里斯還說，這一系列案件的主使者是彼泰克，而他只不過是從犯。

在諾里斯的帶領下，警方只找到了賈奎琳和賈姬的屍體，而賈姬的頭骨上被刺入的錐子還在上面插著，至於其他被害人的屍體一直沒有找到。

警方在逮捕彼泰克的時候，在他的住所裡搜到了大量的證據，有許多女孩的照片，還有雪莉被強姦和折磨的錄影帶。這捲錄影帶被作為重要證據之一在法庭上向陪審團播放。當陪審團看到雪莉所遭受的非人折磨後，一致認定彼泰克和諾里斯有罪。

1981年2月17日，彼泰克被判處死刑，之後被送到聖昆丁州立監獄等待執刑。諾里斯被判處了199年的刑期，不過考慮到諾里斯是汙點證人，不僅主動認罪，還配合警方的調查工作，於是法官決定減免諾里斯的刑罰，判處他45年監禁，在2019年可以申請假釋。

彼泰克出生於1940年9月27日，出生後不久就被父母遺棄，後來幸運地被喬治夫婦收養。彼泰克的養父喬治在一家航空公司工作，由於工作原因，一家人經常搬家，彼泰克就只能跟著養父母在賓夕法尼亞州、佛羅里達州和俄亥俄州

之間輾轉，最終在加利福尼亞州定居。彼泰克的養父母每天都忙著工作，根本沒時間陪他。

彼泰克十分聰明，智商高達 138，但對讀書毫無興趣，成績也很糟糕。彼泰克總喜歡和壞孩子一起偷竊、敲詐、猥褻女同學，經常被警察叫去批評教育。

1957 年，彼泰克離開了學校，他很快就因偷車和襲擊車主被警方逮捕。警方抓捕彼泰克的過程十分費力，最後只能朝著拒捕的彼泰克開了兩槍。之後，彼泰克就被送到了少管所，直到 19 歲才獲得自由。

很快彼泰克又因偷竊被捕，他已經成年，因此就被送到了奧克拉荷馬聯邦監獄。彼泰克是監獄裡最難以管束的犯人，他經常和獄友發生衝突。有一次彼泰克在與獄友打架的時候被打暈了，獄警只能立刻將他送到醫院接受治療。在醫院待了半年後，彼泰克再次獲得了自由。

1960 年 12 月，彼泰克又因偷車被警方逮捕。這次入獄前，彼泰克接受了心理測試。測試結果顯示，彼泰克有很嚴重的妄想症，而且自制力極差，是典型的危險分子。儘管如此，彼泰克還是在 3 年後獲得了假釋。

兩個月後，彼泰克因搶劫罪再次入獄，這次他同樣接受了心理測試，測試的結果與之前一樣。不過監獄方並未採納醫生的建議，只將彼泰克關了 3 年。

1967年7月,彼泰克又因偷竊罪被捕,這次他被判了5年。此時的彼泰克已經完全適應了監獄的生活,他知道如何扮演一個模範犯人,並因為表現良好而獲得了假釋的機會。出獄後不久,彼泰克又因盜竊罪被捕,服刑滿3年後被釋放。

　　1974年,剛剛獲得自由不久的彼泰克去了一家超市偷竊。當超市的員工發現彼泰克的偷竊行為後就將他攔了下來,讓彼泰克配合他去一趟保全室。彼泰克覺得自己被冤枉了,直接拿出刀子刺向員工。幸運的是,那名員工經搶救後活了下來。這一次彼泰克因殺人未遂被判入獄,並被送到加利福尼亞男子監獄服刑,在這裡他認識了諾里斯。

　　諾里斯的母親是個癮君子,他從小就經常在各個親戚家輾轉。由於從小沒有得到過關愛,諾里斯的性格十分孤僻和內向,幾乎沒什麼朋友。17歲,諾里斯離開了學校,到海軍服役。

　　諾里斯起初只是在聖地牙哥市接受軍事訓練,後來他被派到越南做後勤工作。4個月後,諾里斯從越南回來了。從那以後,諾里斯就像變了一個人一樣,他脾氣火爆,經常和人打架。1969年11月,諾里斯因強姦未遂被捕,在交了保釋金後被釋放。但不久後諾里斯又受到了強姦指控,他也因此被海軍開除了軍籍。

　　1970年5月,有人在聖地牙哥大學的一處草坪上看到了

一個滿頭是血的女學生，立刻將她送到了醫院。女學生經過搶救後活了下來，她告訴警方自己正在草坪上看書的時候，突然被一個陌生男子抓住了頭髮，然後男子用一塊石頭不停地砸向她的頭部，直到她昏了過去。襲擊這名女學生的男子就是諾里斯，他因為持械傷人被判刑，之後他就被送到精神病院接受治療。

在精神病院待了 5 年後，醫生認為諾里斯已經不再是危險分子了，就批准他出院了。但僅僅自由了 3 個月，諾里斯就因強姦一名 27 歲的女性被逮捕，之後他被送到加利福尼亞州男子監獄，在這裡他認識了彼泰克。

【犯罪的溫床】

在許多人看來,監獄的主要功能就是為了讓罪犯改過自新,但實際上,對於許多罪犯來說,監獄就是犯罪的溫床,他們能從監獄裡學習到更多的犯罪技能。有不少像彼泰克和諾里斯這樣的慣犯,在入獄之前所犯的罪行以盜竊、強姦為主,但出獄後他會犯下更為嚴重的罪行,例如殺人。

在監獄裡,罪犯所接觸到的人除了獄警之外,主要就是獄友,這些人與他一樣具有犯罪欲望,他能從與獄友們的相處中感覺自己得到了支持。例如諾里斯,他在因強姦罪入獄前,一直都是周圍人眼中的異類,他沒有朋友,甚至還被強制送到精神病院接受治療。但當他進了監獄,遇到了和自己有相同犯罪欲望的彼泰克,他立刻感覺自己的反社會思維和行為模式得到了支持,於是他與彼泰克成了無話不談的好朋友。

獄警們從來不會關心犯人們聚集在一起會討論什麼樣的話題,他們所關心的只是這些犯人能老老實實地服刑,不要滋生事端就行。犯人們聚集在一起所討論的話題不外乎犯罪、性、毒品之類的,這些都是犯人們所感興趣的問題。當然如果一個犯人真心悔過,他完全可以忽視這些話題。但如

在監獄裡密謀犯罪—勞倫斯·彼泰克與羅伊·諾里斯

果一個犯人所後悔的僅僅是自己被警方抓住了,那麼他勢必會對犯罪之類的話題十分感興趣,並從與獄友們的交流中找到和自己臭味相投的「朋友」或者犯罪同夥。

監獄對於所有的罪犯來說,就是一所學校,既可以在這裡學習改過自新,例如考取文憑或者學習某項未來到社會上生存的技能,當然也可以學習犯罪。當諾里斯和彼泰克相遇之後,他們終於遇到了和自己有相同犯罪欲望的人,於是兩人開始交流和學習,並利用大把的空閒時間策劃犯罪活動。

在二人出獄之後,他們開始實施犯罪計畫。他們先找到了一個適合犯罪的荒廢之地,這裡不會引人注意。他們在處理屍體時也採取了完美的方式,如果不是諾里斯被捕後主動帶著警方尋找屍體,那麼或許警方永遠無法將這一系列女性失蹤案連繫起來。

對於彼泰克和諾里斯來說,監獄之所以會成為犯罪的溫床,是因為他們本身就具有犯罪的思維模式,他們透過折磨、強姦被害人獲得刺激和興奮,被害人越害怕、越恐懼,他們就會越興奮,並以此為樂。他們的主要目的並不是殺人,而是在強姦和折磨中體驗快感和刺激。當彼泰克被捕之後,在他接受審訊的時候警察問彼泰克為什麼要這麼做,彼泰克則輕鬆地給出了一個讓人難以接受的答案:「因為好玩。」顯然像彼泰克這樣的人,他的犯罪思維模式是正常人所無法理解和接受的。

在審訊結束的幾年後,一名負責此案調查的警察保羅‧拜納姆(Paul Bynum)因為一直無法走出陰影而選擇了自殺,在他留下的遺書中,他提到自己這些年一直在做著和該案件相關的噩夢。對於正常人來說的噩夢,對於彼泰克而言卻是樂子。

在監獄裡密謀犯罪―勞倫斯‧彼泰克與羅伊‧諾里斯

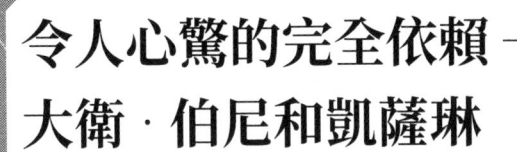

令人心驚的完全依賴——
大衛·伯尼和凱薩琳

令人心驚的完全依賴—大衛·伯尼和凱薩琳

1986年11月10日,西澳首府伯斯市郊的一家小型購物中心跑進來一個半裸的年輕女子,她用十分慌張的語氣讓工作人員幫她報警,她說自己遭受了強姦。

保羅警探得知這個消息後,立刻趕往警察局與該女子見面,他以為該女子是失蹤了幾天的丹妮絲。

11月5日,當地警察局接到一起失蹤報案,一個名叫丹妮絲·布朗(Denise Brown)的年輕女子失蹤了。這是伯斯市警察局在一個月內接到的第四起女性失蹤案。這4名失蹤的女子全都來自良好的家庭,她們不會無故失蹤,負責案件的保羅警探認為她們一定遭遇了十分棘手的麻煩。

保羅開始猜測這4名失蹤女子都被一名連環殺手殺害了,不過讓保羅疑惑的是,其中兩名失蹤者的朋友和家人還收到過她們的電話和來信,但就是無法與她們取得聯絡。例如15歲的蘇珊娜·坎迪(Susannah Candy)在失蹤後的半個月內,寫了兩封信給父母,信中均表示自己很好,並說自己很快就會回家。丹妮絲的一個女性朋友在丹妮絲失蹤當天接到了丹妮絲的電話,電話中丹妮絲告訴她,自己一切都好。之後丹妮絲就再也沒有了音訊。

保羅和同事趕到警察局後,看到了報案的年輕女子,她只有16歲,名叫凱特·莫伊爾(Kate Moir)。之後凱特將自己所遭遇的一切都告訴了保羅。

在 11 月 9 日的晚上，凱特在回家的路上遇到了一對男女。起初凱特以為他們只是問路的路人，直到他們亮出刀子逼迫凱特上車，凱特才意識到危險。

凱特被帶到了一棟房子裡，她的衣服被這對男女扒光，並被他們用鐵鏈綁在床上。之後，凱特遭受了多次強姦。男子強姦凱特時，那名女子則在一邊看著。

第二天早上，男子離開了，好像是去上班。那名女子替凱特鬆綁後，就強迫凱特打電話給父母報平安。就在這時，敲門聲響起來，那名女子於是離開臥室去開門。凱特立刻意識到這是一次千載難逢的逃生機會，於是就從一扇敞開的窗戶跑了出去，一路狂奔到一家小型購物中心。

當保羅得知凱特曾被迫打電話給父母報平安的時候，立刻聯想起了失蹤的丹妮絲和蘇珊娜，她們也曾與自己的父母、朋友聯絡過，之後便再也沒有了音訊。凱特向警方表示，她清晰地記得綁匪的外貌以及大概住址。保羅立刻覺得，綁匪根本沒打算將凱特活著放走，不然不會讓凱特看到他們的面孔，並且讓凱特知道他們的住所。也就是說，凱特能活著逃出來實屬幸運。這讓保羅更加堅信，這對男女很可能是連環殺手，還殺死過其他人。

在凱特的帶領下，警察來到了一棟白色磚瓦房前。當時房子裡一個人也沒有，警察只能等待嫌疑人回家。不一會

令人心驚的完全依賴—大衛·伯尼和凱薩琳

兒，一名女子出現了，她就是參與了綁架凱特的女子，名叫凱薩琳（Catherine Birnie）。女子顯得很慌張，她說自己會協助警方抓住大衛·伯尼（David Birnie）。後來，警方在一個車場內將大衛抓獲。

警方在搜查大衛和凱薩琳的住所時，發現了凱特的包包。此外警方還在天花板上找到了一包香菸，凱特說這是自己故意藏在這裡的，以證明自己的確被綁架到了這棟房子裡。

面對凱特的指控，凱薩琳和大衛堅決否認。按照他們的說法，凱特是自願參加他們的聚會，並與他們一起吸食大麻，還自願與大衛發生性關係。警方並未在案發現場找到可以證明凱特遭受過強姦的證據，只能寄希望於審問。

在保羅的安排下，凱薩琳和大衛被分開接受審問。最先被攻破心理防線的是大衛，他不僅承認自己強姦了凱特，還交代了4起命案。當凱薩琳得知大衛已經招供後，也崩潰了，就隨同大衛一起帶著警察去尋找被埋藏的屍體。

在大衛的指引下，警察開著車來到了伯斯北邊的國家森林公園，並在一處種著松樹的叢林邊停了下來，大衛指著一堆沙子對警方說，這裡埋著一個女人。幾分鐘後，警方挖出了一具女屍，是失蹤的丹妮絲。在留下一些警衛守著丹妮絲的屍體後，其他警察跟著大衛和凱薩琳來到了另一處埋屍地點。

在高速公路上行駛了半個小時後,警方在大衛的指引下轉進了一處叢林,走上了一條狹窄的小道,最終在一個斜坡處停了下來。警察很快找到了一具已經腐爛的女屍,死者是10月6日失蹤的瑪麗‧尼爾森(Mary Neilson),只有22歲。在不遠處,大衛指出了另一具女屍的埋藏地,死者是15歲的蘇珊娜,在10月19日失蹤。

最後一名被害人的屍體埋藏地是凱薩琳指出的,在大衛指出三名被害人的屍體埋藏點後,凱薩琳主動提出,她要帶著警察去找諾琳‧帕特森(Noelene Patterson)的屍體,諾琳是一名31歲的女性,在11月1日失蹤。

凱薩琳向警方表示,她很討厭諾琳這個女人,她們之間鬧得很不愉快,因為大衛對待諾琳的態度與其他被害人都不同。在找到埋藏諾琳屍體的地點後,凱薩琳甚至朝著墳墓吐口水。

1986年10月6日,在西澳大學上學的學生瑪麗像往常一樣在一家熟食店裡兼職打工,她打算下班後去一個車場看輪胎,之前車場的一個工作人員大衛將電話號碼給了她,讓她私底下和自己聯絡,他可以提供便宜的價格給瑪麗。

瑪麗下班後就去了大衛的住所,她打算談好價格後就回學校。當大衛開啟房門後,瑪麗就被大衛與凱薩琳強行拖入房間。他們將瑪麗用鐵鏈綁在床上,然後大衛開始強姦瑪

麗。在這個過程中,凱薩琳不僅沒有迴避,反而一邊觀看,一邊撫摸大衛,好讓大衛更加興奮。

在折磨過瑪麗後,他們就將瑪麗拖進車裡,並開車來到了森林公園。在這個荒無人煙的地方,瑪麗再次被強姦,然後被一根尼龍繩勒死。確認瑪麗死亡後,大衛開始用刀不斷地刺向瑪麗的身體,他認為這樣會使屍體更快分解。隨後,大衛從後車廂裡拿出了一把鏟子,挖了一個洞,將瑪麗的屍體扔了進去。為了避免被警察懷疑,大衛還特意將瑪麗的車停在警察局的對面。

在之後的幾週內,大衛和凱薩琳反覆實施著強姦殺人的罪行,並在森林公園裡掩埋被害人的屍體。第二名被害人是15歲的蘇珊娜,在瑪麗遇害的兩週後被大衛和凱薩琳盯上。

蘇珊娜來自一個不錯的家庭,他的父親是西澳有名的眼科醫生,她在一所高中上學,成績不錯。在蘇珊娜失蹤的當天,大衛和凱薩琳正在尋找下手的目標,當他們看到在路邊等待搭乘順風車的蘇珊娜後,立刻將車開了過去。

蘇珊娜一上車,就被大衛和凱薩琳控制住了,他們將她的雙手綁住,並帶回了自己的住所。與瑪麗一樣,蘇珊娜被他們用鐵鏈綁在床上並遭到了性侵。事後,大衛躺在床上休息,凱薩琳為了讓大衛興奮,就與大衛、蘇珊娜躺在一起。

最後蘇珊娜的脖子上被套上了一根尼龍繩,他們打算將

蘇珊娜勒死。蘇珊娜在意識到自己即將被殺死後開始奮力抵抗，最後他們只好放棄，開始強迫蘇珊娜吃下安眠藥。等蘇珊娜昏睡過去後，大衛就將尼龍繩扔給凱薩琳，他讓凱薩琳將蘇珊娜勒死，並說只有這樣凱薩琳才能證明自己對大衛的愛。凱薩琳愉快地同意了，她將繩子套在蘇珊娜的脖子上，然後慢慢勒緊，直到蘇珊娜沒了呼吸。

11月1日下午，大衛和凱薩琳開車在街上遊蕩著，尋找可以下手的目標，這時他們發現了一個將車停下來的女人，這個女人就是諾琳，也就是第三名被害人。當時諾琳正準備開車回家，結果發現車沒油了，就只能將車停在路邊想辦法。

這時一輛車也停在了路邊，車上有一男一女，以非常友善的態度詢問諾琳是否需要幫助，諾琳輕易地相信了他們。等諾琳一上車後，一把刀立刻抵住了她的脖子，他們威脅諾琳，讓諾琳不要輕舉妄動，不然就將她殺死。諾琳被綁住後，被大衛和凱薩琳帶回了住所。在那裡，諾琳同樣被他們用鐵鏈綁在床上，然後大衛開始強姦她。

諾琳是一名31歲的成熟女性，在一家高爾夫俱樂部酒吧擔任經理一職，她在俱樂部很受歡迎，因為她不僅長得漂亮，行為舉止也優雅有禮。在此之前，諾琳曾在航空公司做過空姐，還在一位大亨的私人飛機上工作過。

令人心驚的完全依賴—大衛·伯尼和凱薩琳

與瑪麗和蘇珊娜不同，諾琳深知自己的處境，她開始想辦法討好大衛，希望大衛能網開一面放走她。大衛的確很喜歡諾琳，他已經深深地被諾琳迷住了。這一切被凱薩琳看在眼裡，她由於嫉妒開始變得憤怒起來。

其實從一開始，凱薩琳就非常討厭諾琳這個看起來優雅美麗的女人，因為凱薩琳也想成為一個優雅美麗的女人。當凱薩琳注意到大衛迷上了諾琳後，她擔心自己會因此失去大衛，就開始催促大衛盡快將諾琳殺死，但大衛卻一直往後拖，遲遲不肯同意，最後凱薩琳只能以死相逼，讓大衛在自己與諾琳中間做出選擇。大衛最終選擇了相貌普通的凱薩琳，不管諾琳再怎麼優雅美麗，也比不上凱薩琳的忠誠，在大衛看來，凱薩琳這樣瘋狂地愛著自己，她一定會協助自己虐殺更多的女人。

在凱薩琳的堅持下，諾琳被迫吞服了大量的安眠藥。等藥效發作後，凱薩琳就催促大衛將昏睡的諾琳給勒死了。在埋葬屍體的時候，大衛一直聲稱要找個特別的地方，在他看來諾琳與之前的兩名被害人不同。而對於凱薩琳來說，諾琳就是她的情敵，她在埋葬諾琳的時候故意將沙子扔到諾琳的臉上。

11月5日，大衛和凱薩琳在路邊看到了一名正在等公車的年輕女子，於是就將車停在女子的身邊，表示可以搭載她一程。這名女子就是21歲的丹妮絲，也就是被大衛和凱薩琳殺死的第四名被害人。

丹妮絲在一家公司擔任電腦操作員，很喜歡在業餘時間跳舞和去夜總會。在失蹤的前天晚上，丹妮絲還和朋友在夜總會玩了一晚。在周圍人看來，丹妮絲是個很有趣且樂於幫助他人的女孩。丹妮絲的一個朋友表示，丹妮絲是個很容易相信別人的人，所以她會輕易地被大衛和凱薩琳騙上了車。

　　遭受了強姦和折磨後，丹妮絲被兩人弄昏，然後被放在車的後座位上。大衛和凱薩琳開著車來到了國家森林公園。途中他們看到一名年輕女子，就企圖將其騙上車。女子看到有車停在自己身邊，也停下了腳步。當大衛表示可以搭載女子一程時，女子突然覺得很不安，她注意到車上的男人正低著頭，而女人正在喝著一罐蘭姆酒和可樂的混合飲料。她還看到有個人橫躺在後座上，以為這個人可能是他們的兒子或女兒，她無法確定男女，只是覺得那可能是個女孩，但髮型看起來卻像個男孩。

　　最後女子拒絕了凱薩琳的「好意」，由於當時有更多的車開過來了，凱薩琳和大衛只好放走了她。後來當女子得知大衛和凱薩琳的殺人罪行後，才意識到那天的自己是多麼幸運，而她所看到的「睡熟中的人」正是失蹤的丹妮絲。

　　將車開到一處人跡罕至的松樹林後，他們就將車停了下來，開始等待天黑。期間，丹妮絲再次遭受了強姦。天色暗下來後，大衛將丹妮絲從車裡拖了出來，開始強姦她，而凱薩琳則在一旁舉著手電筒。很快，大衛就將一把刀插進了丹

妮絲的脖子,當時丹妮絲並未馬上死去,凱薩琳只好從車裡拿出一把更大的刀。在確定丹妮絲沒了呼吸後,大衛和凱薩琳開始挖坑準備掩埋屍體。

當他們用沙土覆蓋「屍體」的時候,丹妮絲突然坐了起來。大衛被嚇了一跳,他找來一把斧頭,用力地劈向丹妮絲的頭部,直接將丹妮絲的頭骨給劈開了。這下,大衛終於確定丹妮絲已經死了,於是就用沙土掩蓋住了屍體。

1951年,大衛・伯尼出生於伯斯東部,他在家裡的5個孩子中排行老大。大衛的父親是個身材矮小且酗酒的男子,母親是個舉止粗俗且私生活混亂的女人,她會為了免費搭乘計程車而與司機發生性關係。在兩人邀請牧師為他們主持婚禮的時候,牧師就非常擔憂,他認為這兩人結為夫婦不會有任何好處。

在當地,大衛的家庭是出了名的混亂,許多人都為這5個孩子擔憂。大衛的家不僅髒亂,父母還從不會為孩子準備飯菜,一家人也從沒有在一起吃過飯。此外,外界還流傳著伯尼家存在濫交和亂倫的傳言。

在大衛十來歲的時候,他們一家人搬到了伯斯的另一個郊區居住,凱薩琳也因此成了大衛的鄰居。

15歲時,大衛不再上學,他在附近的賽馬場裡找了一份工作,並向騎師艾瑞克學習騎馬。不久,大衛就被艾瑞克解

僱了,因為艾瑞克發現大衛經常傷害賽馬場裡的馬。此外,大衛還在一天晚上,闖進了一個老太太的房間,當時他赤裸著身體,頭上罩著絲襪,企圖強姦老太太。在青少年時期,大衛就是警察局的常客,曾幾次進出監獄。

　　成年後,大衛開始沉溺於色情,並有著異常的性癖好。20歲時,大衛開始了第一段婚姻。第一任妻子為大衛生下了一個女兒,取名為譚雅(Tanya)。在大衛因連環強姦殺人罪被捕的時候,譚雅已經10歲了。父親的罪行對譚雅造成了深刻的影響,她長大後既沒有結婚也沒有生孩子,因為她擔心自己的孩子會成為像父親那樣殘忍的人。

　　其實不只譚雅,凱薩琳與前夫的孩子們也深受影響,他們因為凱薩琳所犯下的罪行而被人指指點點,一直活在母親所帶來的陰影之中。凱薩琳的小兒子在接受採訪的時候甚至表示希望母親趕快死掉,這樣他們才能像正常人一樣生活。

　　凱薩琳在10個月大的時候,母親就去世了,她的父親只能將她帶到南非照顧。在凱薩琳兩歲時,她被送到澳洲,與年老的祖父母一起生活。凱薩琳從小就是個內向、憂鬱的女孩,她沒有朋友,也很少笑,總是一個人待著。後來,凱薩琳與大衛相愛了。在她看來,大衛就是自己的一切,她願意為大衛做任何事情,哪怕觸犯法律。

　　1969年6月11日,凱薩琳與大衛在盜竊的時候被抓住

令人心驚的完全依賴─大衛‧伯尼和凱薩琳

了,大衛因此被判了9個月的刑期,而凱薩琳因懷孕被判了緩刑。一個月後,兩人在法庭上再次見面,這次他們被指控犯有8項盜竊罪,最終大衛被判3年刑期,凱薩琳被判緩刑4年。

1年後,大衛重新出現在凱薩琳面前,他越獄了,他帶著凱薩琳繼續瘋狂盜竊。3個星期後,兩人再次出現在法庭上接受審判,這次他們的罪名是53項偷竊、非法入室、非法駕駛機動車等罪名。警方提供了大量的物證,例如衣服、假髮、床上用品、收音機、食品、書籍、雷管等,這些都是二人偷盜來的。在法庭上,凱薩琳表示她知道自己犯了錯,她也不想觸犯法律,她只是太愛大衛了,想順從大衛的一切意願。最終大衛被判了兩年半刑期,凱薩琳被判了6個月刑期。

在監獄中,凱薩琳生下了孩子,孩子一出生就被福利部門帶走了。出獄後,凱薩琳找到了一份保母的工作,此時大衛正在監獄服刑。或許是遠離了大衛的影響,凱薩琳的生活開始步上正軌,她與雇主的兒子相愛了。

1972年5月31日,21歲的凱薩琳結婚了。婚後,凱薩琳生下了一個孩子,但這個孩子在7個月大的時候,意外被車撞死了,這給凱薩琳的心理帶來了巨大的打擊。雖然之後凱薩琳與丈夫收養了6個孩子,但凱薩琳一直鬱鬱寡歡。

後來凱薩琳的丈夫失業了,家裡的經濟每況愈下,她只

能與6個孩子、父親、叔叔一起擠在政府的公共房屋裡。每天繁重的家務和拮据的經濟狀況，讓凱薩琳萌生了拋夫棄子的念頭，再加上大衛的蠱惑，最終凱薩琳決定再也不回家了，她決定做大衛的妻子，與大衛一起生活，並且還冠上了大衛的姓氏，不過兩人並未結婚。

大衛看起來雖然身材矮小，但性慾旺盛，平均每天要性交5～6次，而且花樣百出。大衛在與凱薩琳嘗試了各種性交花樣後，開始厭倦起來，他想要新的刺激，於是與凱薩琳商量著實施綁架和強姦。

對大衛百依百順的凱薩琳自然很配合大衛，後來她還喜歡上了與大衛一起虐待年輕女性，並且從中獲得極大的滿足感。但是在丹妮絲死後，凱薩琳開始覺得恐懼和厭倦，她不想繼續與大衛一起殺人了。畢竟丹妮絲死得非常慘，大衛直接用斧頭劈開了丹妮絲的頭顱，這對凱薩琳造成了相當大的視覺衝擊。正因如此，在大衛上班離開後，凱薩琳不再像以前那樣對被害人嚴加看管，凱特也因此獲得了逃命的機會。

1986年11月12日，大衛和凱薩琳接受了審判。在面對檢察官的指控時，大衛和凱薩琳表現得很麻木，沒有表情，也沒有要求請律師。

令人心驚的完全依賴—大衛·伯尼和凱薩琳

1987年2月10日,大衛和凱薩琳被送到伯斯最高法院接受第二次審判。在法庭上,大衛表現得很正常,他平靜地承認了自己的罪行,在面對檢察官的指控時也很安靜。而凱薩琳的表現卻出人意料,她在剛出庭的時候表現得尖酸刻薄,拒絕別人碰她,甚至還朝警察吐口水,直到看到大衛後,凱薩琳才安靜下來。

庭審結束後,安靜的大衛終於忍不住顫抖起來。當他被警察押送著走出法庭時,看到了憤怒的人群,他沒有害怕,反而將手放在嘴唇上,給了憤怒的人們一個飛吻。接下來,大衛和凱薩琳要接受第三次審判。

1987年3月3日,大衛與凱薩琳再次出現在伯斯最高法院的法庭上。期間,大衛與凱薩琳一直牽著手。當聽到警方描述他們犯下的殘忍罪行時,兩人相視一笑開始聊天,好像審判與他們毫無關係。最終,大衛和凱薩琳被判處終身監

禁，終身不得申請假釋。

在監獄裡，大衛的日子過得很艱難。與女監不同，男監裡充滿了暴力，大衛經常遭到獄友的毒打，為此大衛曾多次想要自殺，最後大衛被轉移到另外一個監獄。

起初，大衛還有權利與凱薩琳保持聯絡，4年後，大衛與凱薩琳被禁止接觸，他們不能相互寫信以訴思念之情，也不能打電話。這對大衛來說無疑是一種精神折磨，他表示自己會被逼得精神崩潰而選擇自殺。2005年，大衛在獄中上吊自殺了。由於無人來認領大衛的屍體，獄方只能出面為大衛舉辦了一個小型葬禮，不過凱薩琳被禁止參加大衛的葬禮。

令人心驚的完全依賴—大衛・伯尼和凱薩琳

【連續盜竊與性犯罪】

大衛有一個糟糕的童年，他的父親是個酒鬼，母親則是個行為不檢點的人，在這樣的環境下長大的大衛，早早地就走上了違法犯罪的道路。他很早就開始頻繁進出監獄，所犯的罪行大多是入室盜竊，後來大衛有了一個忠誠的幫手——凱薩琳。與大衛之前所犯下的盜竊罪相比，他之後所犯下的強姦殺人罪要嚴重得多。那麼，透過連續盜竊是否可以預測到他後來所犯的嚴重罪行呢？

所謂入室盜竊，就是在沒有徵得主人許可的情況下入侵他人的住宅。大多數的盜竊行為是為了獲得財物，但如果是連續盜竊且所盜物品並非為了滿足個人的使用需求，那麼盜竊行為更多是為了獲得心理上的滿足。有些盜竊犯在破窗或破門而入的那一刻，會體驗到性高潮的感覺。

對於這類實施盜竊的罪犯來說，每次盜竊之前他都會感到緊張，而盜竊時會有一種愉悅、滿足的感覺，甚至還會有性方面的動機。大衛在實施入室盜竊的時候，會偷取一些沒有金錢價值的物品，例如假髮。研究發現，如果一個性犯罪人有盜竊前科，那麼他的盜竊行為極有可能會發展成為性侵以及殺人。

與大衛相比，凱薩琳的童年雖然不幸，但好歹在一個正常的環境下長大。在研究此案的精神病醫生看來，凱薩琳完全附屬於大衛，她自己不會有殺人的念頭，也不會去主動殺人，她不像大衛一樣是個殺戮狂，她只是一個依賴者，完全依賴於大衛，在精神上完全被大衛所控制。例如：凱薩琳在法庭上對大衛表現出了讓人難以置信的愛戀，她會時不時地愛撫大衛的手臂。就連法院的精神病學家看到此景也十分驚訝：「這是我職業生涯中看到過的最嚴重的個人依賴。」

　　儘管如此，凱薩琳依舊要為自己的罪行負責，況且她對自己的罪行毫無愧疚之意。在與警方一起挖掘被害人屍體的時候，凱薩琳與大衛一樣，沒有表現出任何愧疚之意，反而十分享受成為眾所矚目的焦點。對於為什麼要協助大衛殺人，凱薩琳表示，她只是想知道自己的內心有多強大，而且她願意死心塌地地為大衛做任何事情，從而讓大衛高興。

令人心驚的完全依賴─大衛‧伯尼和凱薩琳

ple
擁有天使面孔的夫妻殺手──
保羅・伯納德和卡菈・哈莫卡

擁有天使面孔的夫妻殺手—保羅·伯納德和卡菈·哈莫卡

1991年6月29日,加拿大安大略省聖凱薩琳斯市的警方接到一通報警電話,有對夫妻在吉布森湖划船時發現了一些水泥磚,他們從水泥磚的裂縫中看到了人體殘肢。經過牙醫鑑定,死者是6月15日失蹤的14歲的萊斯麗·馬哈非(Leslie Mahaffy)。

萊斯麗失蹤的當天,出門參加一個在車禍中喪生的朋友的葬禮,她出門前向家人承諾會在晚上11點之前回家。凌晨3點,萊斯麗在一個男性朋友的陪同下回家,或許是時間太晚,家人沒幫萊斯麗開門。男性朋友覺得他已經將萊斯麗送到了家門口,萊斯麗一定可以找到安身之所,於是就離開了。從那以後,萊斯麗就失蹤了,直到有人發現了她的屍體。

法醫在檢查萊斯麗的殘屍時發現,萊斯麗生前遭受了強姦,然後被殺死。凶手為了處理萊斯麗的屍體,就將屍體肢解成幾大塊,但是肢解得很粗糙,最後凶手將肢解的屍體砌在水泥磚中。根據凶手簡單肢解屍體的手法,警方認為凶手手中的工具非常有限,而且他一定有一個私人場地,否則如此處理屍體勢必會引起鄰居們的懷疑。

1992年4月30日,有人在距聖凱薩琳斯市約45分鐘車程的伯靈頓市的一條壕溝裡發現了一具全身赤裸的女屍,死者正是4月16日下午失蹤的15歲的克莉絲汀·弗倫奇(Kristen French)。

克莉絲汀是聖凱薩琳斯市北部聖十字中學的學生,每天

下午放學後就會立刻回家，因為她很掛念自己的愛犬。克莉絲汀從學校走到家通常需要 15 分鐘。當福瑞奇夫婦發現女兒沒有按時回家後，覺得她一定出事了，就報了警。

當天，警方在克莉絲汀放學的道路上搜索了很長時間，都沒有發現克莉絲汀的蹤跡，只在停車場找到了她遺留下的一隻鞋子，警方當時就認定克莉絲汀一定是被綁架了。在之後的十幾天內，警方一直在苦苦尋找克莉絲汀的下落，直到有人發現了她的屍體。

屍檢結果顯示，克莉絲汀死亡時間不長，她在被綁架後，凶手並未立刻將她殺死，而是在折磨了她十幾天後才結束了她的生命。克莉絲汀生前遭受過性侵和虐待，她的臉上有十分明顯的傷痕，但她的身體卻顯得很乾淨，似乎被凶手清洗過，凶手可能是為了銷毀她屍身上的證據。克莉絲汀有一頭濃密的長髮，但她的屍體被發現時，她的頭髮被剪短了，警方懷疑凶手將克莉絲汀的頭髮當作戰利品儲存了起來。

1993 年 1 月 5 日，尼加拉警方接到一個報警電話，報警者是哈莫卡夫婦，他們的女兒卡菈・哈莫卡（Karla Homolka）遭受了家暴，正在聖凱薩琳斯綜合醫院接受治療。後來卡菈對丈夫保羅・伯納德（Paul Bernardo）提起了訴訟，控告他實施家暴。其實這不是卡菈第一次遭遇家暴，在此之前她一直試圖維護伯納德。

1992 年 12 月 27 日，伯納德用一支手電筒毆打卡菈，導

擁有天使面孔的夫妻殺手—保羅‧伯納德和卡菈‧哈莫卡

致卡菈的面部出現了嚴重傷痕。1993年1月4日,卡菈去上班,同事立刻注意到了卡菈臉上的傷痕,他懷疑卡菈可能挨打了,於是就告訴了卡菈的父母。在父母的堅持下,卡菈去了醫院,然後以家暴罪起訴伯納德。之後,卡菈就搬到布蘭普頓市與阿姨姨丈居住在一起。而伯納德在交了保釋金後,很快獲得了釋放。

1993年2月9日,多倫多的警方找到卡菈。警方向卡菈表示,他們懷疑伯納德就是警方一直追捕的士嘉堡強姦犯(Scarborough Rapist),希望卡菈能配合警方的調查工作。卡菈說,她對伯納德所犯案件毫不知情,她只知道伯納德是個暴力狂,對她實施家暴。

在1987年至1990年間,安大略省多倫多市士嘉堡區發生了12起強姦案和4起強姦未遂案,被害人的年齡大多在20歲以下,而且多在傍晚時分從公車站往家走的途中遭受強姦。這一系列強姦案引起了當地警方的重視,1988年5月,當地警方成立了多倫多反性侵小組,專門追捕士嘉堡強姦犯。25日這天,調查員在公車站巡邏時發現了一名可疑男子,立刻追了上去,最終男子逃脫了調查員的追捕。11月17日,警方又成立了一個特別工作小組,專門負責抓捕士嘉堡強姦犯。

1990年5月26日,警方接到一個19歲年輕女子的報警電話,她遭受了強姦。由於被害人看到了士嘉堡強姦犯的相貌,於是警方在她的描述下製作了士嘉堡強姦犯肖像畫,並

在多倫多和周邊地區的報紙上公開了肖像畫。

6月分,警方先後接到了兩人的檢舉,他們檢舉的對象是同一個人,他們懷疑伯納德就是士嘉堡強姦犯。雖然其中一名檢舉者在供述的過程中顯得尷尬且不自然,但警方還是對其進行了審問。審問過後,警方得到了伯納德的DNA樣本。

第二天,伯納德在交了保釋金後獲得了自由。警方當時並未懷疑伯納德,畢竟伯納德在接受審問的過程中表現得非常鎮定,而且語言邏輯非常清晰,與警方所設想的犯罪嫌疑人特徵完全不符。

1992年5月底,警方接到一個名叫約翰·莫泰爾(John Motile)的男人的檢舉,約翰懷疑自己的朋友伯納德可能是一名謀殺案的犯罪嫌疑人。11月,警方向法醫學中心提交了伯納德的DNA樣本,12月法醫中心開始進行檢驗。

1993年2月,法醫中心將鑑定結果發給了警方,伯納德的DNA與士嘉堡強姦犯完全吻合,於是警方立刻派人監視伯納德,並與卡拉約談。

卡拉雖然在和警方約談時沒有供出伯納德,但在晚上和阿姨姨丈談話時,她承認伯納德就是士嘉堡強姦犯,還交代了自己與伯納德一起姦殺了萊斯麗和克莉絲汀,他們還將整個強姦過程拍成了錄影帶。

2月11日,卡拉去找了律師,她將伯納德的罪行以及

擁有天使面孔的夫妻殺手——保羅·伯納德和卡菈·哈莫卡

自己所犯案件都告訴了律師喬治·沃克。第二天，喬治與刑法辦公室主管穆瑞·西格見面，他希望能為卡菈申請到豁免權。穆瑞在了解了基本情況後對喬治說，儘管卡菈曾遭受過伯納德的家暴，可能在暴力迫使下犯罪，但基於她在犯罪中的參與程度，無法得到豁免。

1993年2月17日，警方在申請到逮捕令和搜查令後，立刻將伯納德逮捕，並對伯納德的住所進行搜查。警方一共進行了71天的搜查，雖然找到了許多錄影帶，但都不能作為證據指控伯納德。

1993年5月14日，政府和卡菈達成了一項協定，卡菈作為汙點證人指證伯納德，作為交換，卡菈只會被判處12年刑期，否則她將面臨一級謀殺罪和二級謀殺罪的指控。5月17日，警方在卡菈的帶領下，在卡菈和伯納德的住處找到了一些和案件相關的DNA證據以及一張購置大量水泥的收據，而萊斯麗的屍體就是在被肢解後砌在了水泥磚裡。

1993年5月18日，伯納德和卡菈接受了審判。12天前，伯納德的辯護律師肯·穆瑞（Ken Murray）在他的授意下，在伯納德的浴室裡找到了6盒錄影帶。在18日這天，肯沒有遵守他與伯納德之間的約定，私自觀看了錄影帶，這些錄影帶就是警方一直在苦苦尋找的證據。肯私自扣留了這些錄影帶，並決定將錄影帶作為指控卡菈的證據，從而推翻卡菈的證詞。後來，肯開始擔心自己的行為是否觸犯了法律，於是

就去諮詢了其他律師，最後將錄影帶交給了警方。

在接下來的審判中，伯納德承認自己就是士嘉堡強姦犯，對萊斯麗和克莉絲汀實施了強姦和虐待，但殺死她們的卻是卡菈，他覺得卡菈沒有控制好藥物劑量，從而導致了萊斯麗的死亡。卡菈指控伯納德勒死了克莉絲汀，伯納德卻說是卡菈在用棍子敲暈克莉絲汀後，並將其勒死。

最終，伯納德被判處終身監禁，卡菈則被判處了12年刑期。2005年，卡菈出獄後與一名男子結婚，並生下一個孩子。2007年，卡菈和丈夫、孩子離開加拿大，前往安德烈群島。2010年10月，卡菈回到加拿大，並再次結婚，生下3個孩子。

伯納德和卡菈的罪行曝光後，讓所有認識他們的人大吃一驚。在周圍人看來，伯納德和卡菈在外表上十分般配，男的陽光帥氣、女的迷人大方，是一對完美夫妻，是人人稱羨的金童玉女，他們還在尼加拉市舉行了一場十分奢華的婚禮，身著盛裝，乘坐著漂亮的馬車宣告他們結為夫妻。

擁有天使面孔的夫妻殺手—保羅·伯納德和卡菈·哈莫卡

1987年10月17日,在多倫多市士嘉堡區一家飯店裡,伯納德和卡菈相遇並一見鍾情。當時的伯納德23歲,剛剛大學畢業,卡菈17歲,還是個高中生。

在與伯納德相處後不久,卡菈就發現伯納德很喜歡粗暴的性愛,有施虐的傾向。卡菈不僅接受了伯納德的虐待,還非常享受這種特殊的性愛。後來,伯納德告訴卡菈,他就是警方一直在追捕的士嘉堡強姦犯,卡菈不僅表示接受,還鼓勵伯納德的強姦行為,甚至主動為伯納德尋找獵物,與伯納德協同作案。

1991年2月1日,伯納德搬到聖凱薩琳斯市和卡菈居住在一起。從那時起,士嘉堡系列強姦案突然停止了。與此同時,聖凱薩琳斯市開始出現強姦案。有了卡菈的幫助,伯納德在對年輕女子實施強姦時變得更加容易,有時候卡菈還會幫助伯納德取得被害人的信任,甚至將自己的妹妹黛咪·哈莫卡(Tammy Homolka)「獻給」伯納德。

自從伯納德向卡菈求婚後,伯納德就經常和卡菈的家人在一起聚會,卡菈的家人都很喜歡這個看起來陽光、帥氣的男人。當卡菈注意到伯納德總是盯著黛咪,而且時不時地和黛咪調情後,就開始幫助伯納德強姦黛咪。伯納德在和卡菈談戀愛後,對卡菈不是處女這件事一直很介意,卡菈為了彌補伯納德的缺憾,就決定讓伯納德得到黛咪的處女之身,並將之稱為送給伯納德的聖誕禮物。

1990 年 7 月 24 日，卡菈利用職務之便從馬丁內爾獸醫診所偷了一些安定，然後加入黛咪的晚餐——義大利麵的醬汁中。黛咪吃下後，意識開始模糊，最終陷入了昏迷。卡菈叫來伯納德，在伯納德強姦黛咪時，卡菈就在一旁觀看。1分鐘後，伯納德發現黛咪有清醒的跡象，立刻停止了強姦。

1990 年 12 月 23 日，卡菈將一杯摻著安眠藥的蛋奶酒遞給了黛咪，並看著她喝下。黛咪昏迷後，卡菈就和伯納德一起將黛咪帶到地下室，並將她的衣服脫掉。為了避免黛咪中途醒來，卡菈還用從診所偷來的麻醉劑氟烷撒在衣服上摀住黛咪的口鼻。在地下室裡，伯納德實施著暴行，卡菈則在一旁錄影，將全程都拍攝下來。而哈莫卡夫婦對這一切毫不知情，正在樓上睡覺。

當黛咪出現嘔吐跡象後，伯納德和卡菈才意識到事態的嚴重性，他們立刻對黛咪進行了心肺復甦，但毫無效果。於是他們開始清理現場的證據，在替黛咪穿好衣服後，將黛咪轉移到臥室，最後撥打了 911。

黛咪隨後被送往聖凱薩琳斯市綜合醫院搶救，醫生在進行了幾個小時的努力後，還是未能使黛咪恢復意識，最終黛咪被宣告死亡。

法醫在對黛咪的屍體進行檢查時發現，導致黛咪死亡的原因是窒息，黛咪在昏迷中被自己的嘔吐物堵住了氣管。當時法醫和警方只將黛咪的死看成是一場因醉酒導致的意外，

擁有天使面孔的夫妻殺手—保羅・伯納德和卡菈・哈莫卡

並未對黛咪口鼻周圍和臉部大片的化學灼傷起疑。在伯納德和卡菈被捕後，警方才重新調查了黛咪的死因。

後來，伯納德和卡菈就搬了出去，在達爾豪西港租了一間房子。之後，卡菈就開始邀請一些女孩到自己家中做客，她會誘使女孩喝下摻著強效麻醉劑的酒，在女孩昏迷後，卡菈就會打電話叫伯納德回家，伯納德會對女孩實施強姦。等女孩醒來後，卡菈就會告訴她，她喝醉了。有時，卡菈也會和伯納德一起上街尋找獵物，萊斯麗和克莉絲汀就是他們從街上綁走的。

1991年6月15日的晚上，伯納德在萊斯麗家附近偷車牌時，發現了萊斯麗。他主動上前和萊斯麗搭訕，將她引誘到自己的汽車旁邊後，強迫萊斯麗上了車。之後，伯納德將萊斯麗帶回了自己的住所。

在之後的24小時內，伯納德對萊斯麗實施了多次性侵，而卡菈則將過程拍攝下來。在此期間，萊斯麗對伯納德說，她的矇眼布鬆了。這讓伯納德覺得很不安，他懷疑萊斯麗看到了自己的樣子，於是就起了殺心。據卡菈的證詞，在她用藥迷昏萊斯麗後，伯納德就用電線勒死了萊斯麗。而伯納德的說法是，在他離開後，萊斯麗才死，他懷疑卡菈下了過多劑量的藥物。萊斯麗死後，他們將她的屍體暫時擱置在地下室。

6月16日，這天是父親節，哈莫卡夫婦帶著二女兒羅麗

和卡拉、伯納德共進晚餐。在家人離開後，伯納德和卡拉便到地下室處理萊斯麗的屍體，他們用圓鋸肢解了萊斯麗的屍體，並在屍體外面糊上了厚厚的水泥。之後，伯納德和卡拉就開著車一趟趟將這些水泥磚扔到了吉布森湖的淺水裡。

1991年6月29日，伯納德和卡拉舉行了一場盛大的婚禮。同一天，萊斯麗的屍體被人發現。

1992年4月16日，伯納德開著車帶著卡拉在聖凱薩琳斯市的街道上慢慢行駛著，尋找潛在的獵物。當他們看到克莉絲汀後，就將車停在路德教堂附近的停車場，然後開始接近克莉絲汀。

卡拉手裡拿著一份地圖，她裝作問路的樣子吸引克莉絲汀的注意，而伯納德則從克莉絲汀身後下手，用一把刀子脅迫克莉絲汀上了車。在伯納德開車的時候，卡拉則用力扯住克莉絲汀的頭髮控制著她。

在之後的幾天內，克莉絲汀遭受了伯納德的虐待和強姦，整個過程還被拍攝下來。4月18日，當地警方接到一名女子凱莉·派翠克的報案，凱莉在街上認出了伯納德這個尾隨過她的男人。只是當時警方並未重視這起報案，從而錯失了解救克莉絲汀的最後機會。其實從一開始，伯納德和卡拉就準備殺死克莉絲汀，他們沒有替她矇眼，她完全看得清楚兩人的樣子。

擁有天使面孔的夫妻殺手—保羅‧伯納德和卡菈‧哈莫卡

　　至於到底是誰殺死了克莉絲汀，伯納德和卡菈都將責任推到對方身上。卡菈說，她親眼看著伯納德掐死了克莉絲汀。而伯納德則說，卡菈在克莉絲汀想要逃跑時用棍子敲了她一下，然後用繩子勒住了克莉絲汀的脖子，直到克莉絲汀嚥氣。為了避免警方確認克莉絲汀的身分，他們還特地將她的頭髮剪掉。

　　1964 年 8 月 27 日，伯納德出生於一個富裕的家庭。伯納德的祖父是義大利移民，祖母來自英國，他的祖父是個非常成功的商人，在為妻兒提供富裕生活的同時，總會實施家暴。伯納德的父親肯尼斯（Kenneth）是名會計師，母親瑪麗蓮（Marilyn）是個千金小姐。瑪麗蓮在嫁給肯尼斯前，曾有過一個男朋友，但兩人的戀情遭到了父母的反對，她只能嫁給同樣出身富裕的肯尼斯。

　　婚後，瑪麗蓮為肯尼斯生下了一雙兒女。肯尼斯也有家暴的傾向，瑪麗蓮總會受到肯尼斯的虐待，無法從婚姻生活中感受到幸福的瑪麗蓮在和男朋友相遇後立刻舊情復燃，並懷孕了。之後，瑪麗蓮就生下了伯納德。肯尼斯知道妻子出軌，也知道伯納德是個私生子，但他並不介意，還將伯納德當成自己的兒子進行撫養。

　　1975 年，肯尼斯因猥褻兒童被起訴，他甚至還對自己的親生女兒進行了性侵。瑪麗蓮對肯尼斯的這些行為雖然十分厭惡，卻無能為力，於是開始變得鬱鬱寡歡、暴飲暴食，身

材也變得越來越肥胖。後來瑪麗蓮乾脆放棄與家人相處，搬到地下室獨自一人生活。

這種糟糕的家庭生活嚴重影響了伯納德哥哥姐姐的成長，對他們的心理造成了不同程度的創傷，他們開始變得憂鬱和叛逆起來。但伯納德似乎沒受到什麼影響，他性格活潑開朗，臉上總掛著甜甜的笑容，再加上他長得很可愛，周圍的人都很喜歡他。

16歲時，伯納德在和母親的一次爭吵中得知，他不是肯尼斯的兒子，他只是一個私生子。這個消息令伯納德深受打擊，他開始公然辱罵母親，以「白痴」和「蕩婦」稱呼瑪麗蓮，從那時起他就開始憎恨女人。同時，伯納德開始了解肯尼斯有一些變態的嗜好，他也開始厭惡和憎恨肯尼斯。

從勞里埃特別中學畢業後，伯納德就開始談戀愛。據伯納德的前女友們反映，伯納德在最初約會時表現得還算體貼，但隨著關係的深入，她們就發現伯納德有令人難以忍受的暴力傾向，尤其喜愛粗暴的性愛，只有實施虐待他才會變得興奮起來。實際上，伯納德的那些體貼技巧都是從書上學來的，他本質上有許多不正常的性癖好，喜歡侮辱和毆打女人。

1970年5月4日，卡菈出生於聖凱薩琳斯市，是家裡的長女，有兩個妹妹。從邱吉爾中學畢業後，卡菈就在獸醫診所找了一份獸醫助理的工作。在工作期間，卡菈利用職務之便偷取過一些藥物，並將其運用到犯罪中。

擁有天使面孔的夫妻殺手—保羅‧伯納德和卡菈‧哈莫卡

【危險的吸引力】

伯納德是個性虐待者,他在性行為中會虐待性伴侶,只有對方越痛苦,他才會越興奮。性虐待者在現實生活中常常頗具魅力,能輕易俘獲一名女子。相較於伯納德,卡菈的行為更令人費解,她不僅能忍受伯納德的粗暴性愛和毆打,並且主動參與到伯納德的犯罪行為中,甚至不惜犧牲自己的親妹妹。

在接受審判的時候,卡菈表現得非常可憐,她覺得自己所做的一切都受到了伯納德的脅迫。在她與伯納德相識時,她的年齡只有17歲。而伯納德之所以會選擇和她在一起,不過是覺得她很好控制,伯納德不止一次地教唆她遠離父母家人。而且伯納德從來不會將卡菈當成一個人看待,會經常毆打她。對於卡菈的這番說辭,許多人都不肯接受,畢竟她的所作所為不能僅僅用受到脅迫來解釋。

像伯納德這樣的性虐待者,正常人的想法都是遠離他,他的前女友們都是在無法忍受他的虐待後選擇了分手。這是因為伯納德更像一個掠食動物,他只會從一個女人身上掠奪自己想要的東西,哪怕會給對方帶來傷害。面對掠食動物,正常人的反應都是害怕,會覺得危險,一定要遠離。但對

於極少數人來說，危險常常伴隨著吸引力，卡菈顯然就是此類人。

反社會人格者身上往往有很強的個人魅力，這有助於他與周圍人建立良好的人際關係，也有助於他輕易俘獲獵物。這種強大的個人魅力會透露出一些危險性，這種危險性不僅不會減弱他身上的魅力，反而會使他更加迷人。

每個人都有冒險的傾向，會在平淡生活中嘗試一些冒險行為，從而讓自己的生活變得更刺激一些，這使得危險具有一定的吸引力。例如有些人會選擇高空彈跳，有些人會去坐雲霄飛車。而反社會人格者身上有著非常明顯的冒險性特徵，他會讓一個人覺得，只要和他在一起後就會過上刺激的日子，就會擺脫無聊乏味的人生。

反社會人格者十分擅長對一個人進行操控，例如伯納德就十分擅長運用自己英俊的外貌，熱情地追求卡菈。在兩人談戀愛後，為了便於操控卡菈，伯納德會讓她遠離自己的親朋好友。一旦卡菈被孤立了，她就只能依賴伯納德，會覺得和伯納德一起實施犯罪行為是一件很酷的事情。

擁有天使面孔的夫妻殺手—保羅‧伯納德和卡菈‧哈莫卡

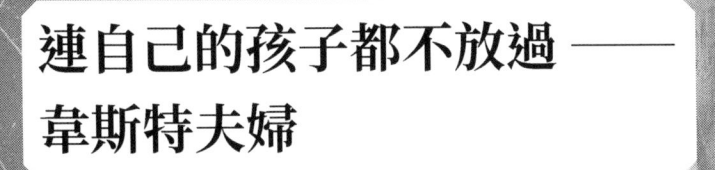

連自己的孩子都不放過──韋斯特夫婦

連自己的孩子都不放過—韋斯特夫婦

1993 年，英國港口城市格洛斯特一所學校裡，校方正在安排社會工作者對一名學生安娜（Anna Marie）進行輔導，安娜長期受到繼母的毒打，引起了校方的注意。在輔導過程中，安娜講述了她生活在怎樣一個地獄般的家庭中。

安娜的父親弗雷德·韋斯特（Fred West）與繼母羅斯瑪麗（Rosemary Letts）雖然是一對恩愛夫妻，但在虐待女兒時卻毫不手軟。安娜在 8 歲時就遭到了弗雷德的性侵，羅斯瑪麗還經常毆打她。到了 13 歲，弗雷德開始強迫安娜與羅斯瑪麗一起賣淫。當安娜接待嫖客的時候，弗雷德就在旁邊看著。14 歲時，安娜因弗雷德的性侵而懷孕，很快就被安排做了流產手術。

安娜還提到了她的親姐姐希瑟（Heather West），一個自從 1987 年就失蹤的 17 歲少女。希瑟失蹤後，韋斯特夫婦並

未著急尋找女兒,只是對外聲稱希瑟離家出走了。安娜說,她的姐姐並未失蹤,而是被埋在天井下面。

1994年2月,警方在韋斯特夫婦住所的後院發現了希瑟的屍體,這說明安娜所言非虛。此外,警方還發現了9具女屍,全都是15歲到22歲之間的女孩子。

早在1987年,韋斯特夫婦就被指控家暴。當時希瑟失蹤了,她的男朋友歐文·馬歇爾很著急,覺得希瑟一定被韋斯特夫婦關在家裡,於是馬歇爾一有時間就去韋斯特夫婦的住處晃晃,有一次他在夜裡聽到了尖叫聲。羅斯瑪麗解釋道,那是希瑟在做噩夢。後來,希瑟的失蹤還引起了同學家長的注意,便向警方報案,指控韋斯特夫婦涉嫌家暴。由於證據不充分,再加上關鍵證人希瑟的失蹤,這項指控也就不了了之了。不過馬歇爾卻注意到,在希瑟失蹤了一段時間後,韋斯特夫婦開始在住所的後院建造了天井,希瑟的屍體就埋在天井下。

蕾娜(Catherine "Rena" Costello)是弗雷德的前妻,是一名性工作者。在與弗雷德結婚前,蕾娜還懷著另一個男人的孩子,但弗雷德卻毫不介意。婚後不久,蕾娜生下了一個女孩,取名為查梅因(Charmaine)。後來,蕾娜又為弗雷德生了一個女兒,即安娜。

在弗雷德與羅斯瑪麗廝混的時候,蕾娜和查梅因失蹤

了。面對警方的盤查時，弗雷德解釋說，蕾娜帶著查梅因和別的男人私奔了。這個解釋很合理，畢竟蕾娜是個性工作者，私生活非常隨意。實際上，蕾娜和查梅因被韋斯特夫婦殺死了，她們的屍體在 1994 年被警方發現。

1972 年，17 歲少女卡羅琳·歐文斯（Caroline Owens）到警察局報案，她是韋斯特夫婦的保母。在她辭職準備離開時，遭到了韋斯特夫婦的攻擊，他們用膠帶將她的嘴封起來，然後卡羅琳遭到了韋斯特夫婦的性侵。事後，弗雷德警告卡羅琳，讓她管好自己的嘴巴，不要到處亂說，不然就把她埋在後院的花園裡。獲得自由後，卡羅琳立刻報了警。但弗雷德只被拘留了幾日，在交了罰款後就獲得了自由。

羅斯瑪麗出生前，她的母親因長期遭受丈夫的虐待而患上了嚴重的憂鬱症。在懷孕期間，羅斯瑪麗母親的憂鬱症更加嚴重，甚至被送到醫院接受電擊治療。這次的電擊治療不僅毫無效果，還給孕婦和胎兒造成了傷害。

在這樣糟糕的家庭環境下長大的羅斯瑪麗從小就出現了許多行為問題，她脾氣暴躁、沒有朋友，成績也很糟糕。13 歲時，羅斯瑪麗的母親再也無法忍受丈夫的虐待，將羅斯瑪麗留下，離家出走了。從此以後，羅斯瑪麗的生活變得更加糟糕，她成了母親的替代品，常常遭受父親的虐待和性侵。

15 歲時，羅斯瑪麗認識了弗雷德，兩人很快墜入了愛

河。羅斯瑪麗很想與弗雷德結婚，但父親根本不打算放過她。直到羅斯瑪麗懷上弗雷德的孩子後，她才搬了出去，毅然決然地嫁給了弗雷德，她終於擺脫了父親的控制，但她搖身一變成了施虐者。結婚後，羅斯瑪麗生下了8個孩子，雖然這些孩子並不都是弗雷德的，但弗雷德卻毫不在乎。

弗雷德在與羅斯瑪麗結為夫婦後不久就搬了家，他們搬到了克倫威爾街居住，並找到了一個有地下室的房子。弗雷德對新住所十分滿意，還曾讓鄰居伊莉莎白參觀自己的新住所，他用非常怪異的目光看著地下室，對著伊莉莎白說：「我會把這裡當成我折磨人的地方。」

在弗雷德與羅斯瑪麗所組建的家庭裡，充滿了毒品和亂交，根本就是一個犯罪的窩點。弗雷德的家裡還住著一些居無定所的流浪者，有男有女，他們只需要支付十分低廉的租金就可以了。有些租客會在這裡居住數月，有些只待上幾個小時就離開了，有些租客則被韋斯特夫婦殺害，並埋在了後院。

在這個家裡，弗雷德不僅提供毒品給租客，還提供性服務，他慫恿羅斯瑪麗賣淫，等女兒長大後就威脅女兒賣淫。在閣樓上，弗雷德準備了一個特殊的房間，裡面隱藏著鏡頭，每當羅斯瑪麗或女兒接待嫖客的時候，弗雷德都會躲起來偷窺。

1973年，一位母親來到克倫威爾街尋找失蹤的女兒，她的女兒琳達·高夫（Lynda Gough）在來到韋斯特夫婦家裡

連自己的孩子都不放過—韋斯特夫婦

工作後不久就失蹤了。當琳達的母親來到韋斯特夫婦家門口時，羅斯瑪麗正在家裡，她一眼就認出了羅斯瑪麗身上穿的衣服是琳達的。面對琳達母親的質問，羅斯瑪麗解釋說，琳達突然離開了，來不及帶走衣服。其實琳達已經被韋斯特夫婦殺害，她的屍體就被藏在浴室下面。

一些年輕、離家出走的女孩子很容易被韋斯特夫婦盯上，他們經常開著車外出尋找此類的女孩子，因為她們很容易被誘騙，尤其是羅斯瑪麗在場，很多女孩子都會放鬆警惕，輕易地上車並跟著韋斯特夫婦去他們的住所。例如一個名叫雪莉·羅賓斯（Shirley Robinson）的年輕女孩就曾租住過韋斯特夫婦的房間，她在和弗雷德發生性關係後懷孕了。懷孕後，雪莉一直很擔心會遭到羅斯瑪麗的報復。1978年，這個懷有8個月身孕的年輕女孩突然失蹤了。當人們問及雪莉時，弗雷德都會解釋說雪莉去德國投奔親戚了。

韋斯特夫婦不僅殺害了許多年輕的女孩，就連親生女兒也不放過。他們之所以會做出如此殘忍的事情來，或許與他們的成長經歷有關。羅斯瑪麗成長於一個充滿了虐待和性侵的家庭，弗雷德也成長於一個變態暴力的家庭。

弗雷德有8個兄弟姐妹，家裡的經濟狀況本就不好，再加上還要撫養許多孩子，經濟狀況就更糟糕了。弗雷德的母親是個脾氣火爆的人，凡是孩子犯錯，就要遭受十分嚴厲的體罰，頑皮的弗雷德沒少被母親責罰。在少年時代，弗雷德

曾親眼看見父親與妹妹們亂倫，這在他的心理上留下了難以抹去的陰影。

17歲時，弗雷德經歷了一場嚴重的車禍，導致他頭部嚴重受傷。車禍後，弗雷德很快就恢復了健康。可是他的性情卻發生了變化，他的脾氣越來越暴躁，動不動就會掄拳頭。被學校開除後，弗雷德在建築工地上找了一份工作。不久之後，弗雷德就被父母趕出了家門，因為他曾企圖性侵一名13歲的少女而被指控。不過這項指控最後不了了之了，因為弗雷德聲稱自己的頭部曾遭受過嚴重的傷害，每當頭部舊傷復發時，他就無法控制自己。

1993年10月，韋斯特夫婦因涉嫌多起謀殺罪被逮捕。弗雷德很快就承認了自己所犯下的罪行，他告訴警方所有的罪行都由他一人承擔，與妻子羅斯瑪麗無關。羅斯瑪麗則相反，她說自己是個無辜者，根本不知道弗雷德是個內心陰暗的殺人狂。羅斯瑪麗還強調自己也是個受害者，被弗雷德脅迫賣淫。

當弗雷德得知羅絲瑪麗的供述後，十分憤怒，他覺得自己被羅斯瑪麗背叛和拋棄了，於是開始出現自殺傾向。不過弗雷德並沒有戳穿羅斯瑪麗的謊言，他決定用自殺結束這一切。弗雷德表示，他雖然是個十惡不赦的惡魔，但對羅斯瑪麗的愛卻很真摯，他願意為羅斯瑪麗承擔下所有的罪名，不讓她牽涉其中。在公開審判快要來臨之際，弗雷德被發現在監獄裡用毛巾上吊自殺了。

連自己的孩子都不放過—韋斯特夫婦

羅斯瑪麗的辯護律師得知弗雷德身亡的訊息後，立刻開始準備無罪申辯。辯護律師認為，對於羅斯瑪麗的起訴應該被撤銷，因為該指控不僅缺乏證據，媒體的大量宣傳也會導致審判缺乏公正性。

在法庭上，羅斯瑪麗否認了所有指控後開始講述自己的悲慘遭遇，她一直強調自己受到了欺騙，弗雷德年長自己許多歲，天真的自己輕易地上了弗雷德的當，羅斯瑪麗還提到了弗雷德逼迫自己賣淫的事情。

當控方律師提及羅斯瑪麗積極參與了弗雷德的謀殺行動時，立刻遭到了羅斯瑪麗的反對：「不，我不會殺人的，尤其是殺害自己的女兒。雖然我不是一個好母親，但我不認為自己是那麼壞的母親。弗雷德·韋斯特死了，所以我成了代罪羔羊，我必須得為他所做的一切負責。」

雖然弗雷德已經身亡，無法出庭受審，但他留下的錄音磁帶卻成了一份指控羅斯瑪麗的證據。在錄音磁帶中，弗雷德講述了自己所犯下的罪行，並聲稱這一切都是他一個人所為。整個過程中，弗雷德的語調十分平靜，毫無懺悔之意，好像只是為了將犯罪行為陳述清楚。最後弗雷德提到，他並未將所有的真相都說出來，因為從他被捕的那一刻起，他就在保護一個人。

此外一名警察還提供了一項十分關鍵的證據，在 1990 年弗雷德就曾被指控與自己的幾個女兒發生性關係，當時羅斯

瑪麗就是一個積極參與者，她不但不會阻止丈夫性侵女兒，還會慫恿助興。當時參與調查的警察回憶說：「羅斯瑪麗會策劃丈夫性侵女兒，她會安排女兒做好準備，然後再通知丈夫與女兒上床，並且羅斯瑪麗還會將丈夫強姦女兒的過程拍攝下來。」

在場的所有人，包括生還的倖存者、被害人家屬，都不相信羅斯瑪麗是個無辜者。種種證據和跡象都顯示，羅斯瑪麗絕對不可能對韋斯特所犯下的罪行毫不知情，而且她極有可能是這些謀殺案背後的策劃者。最終，羅斯瑪麗被判處了10次終身監禁。因為英國已經廢除了死刑，羅斯瑪麗得對10起謀殺案負責，其中包括自己17歲的女兒、8歲的繼女查梅因和她丈夫弗雷德身懷六甲的情婦雪莉。在宣布審判結果時，法官對羅斯瑪麗說：「希望妳永遠都不會被釋放。」不久，韋斯特夫婦居住的克倫威爾街25號也被剷平了，這一系列1990年代在英國引起轟動的連環殺人案也就此結束。

瑪麗安‧帕丁頓是被害人家屬之一，她的姐姐露西（Lucy Partington）就死在了韋斯特夫婦手中。1973年12月的一天，21歲的露西在等公車的時候失蹤了。直到20年後，瑪麗安才得到了露西的消息，警方告訴她，露西的屍體被找到了，殺死露西的凶手是一對夫婦，他們將露西殺死後，就埋在了自家的後院內。

瑪麗安一直憎恨著韋斯特夫婦，但當她了解了羅斯瑪麗

的童年經歷後，開始同情起這個惡魔來。雖然羅斯瑪麗是殺害她姐姐的凶手，但她卻寬恕了羅斯瑪麗：「羅斯瑪麗在那樣的環境下長大，她的世界裡有愛嗎？或許只有害怕。如果一個人的世界裡沒有愛，那麼他怎麼學會愛呢？」

2004年，瑪麗安寫了一封信給在獄中服刑的羅斯瑪麗，她表示自己不再憎恨羅斯瑪麗，並且很同情她的遭遇。羅斯瑪麗很快回信了，她在信中要求，請瑪麗安再也不要寫信給她。此外，瑪麗安還與弗雷德的弟弟道格拉斯、女兒安娜取得了聯絡，並且一直保持著聯絡，她試圖幫助這些人走出受虐的陰影。

【童年暴力和性虐待】

與正常人不同,像韋斯特夫婦這樣的心理病態者不僅會表現得自私自利,而且對所犯下的錯誤乃至罪行都不會愧疚。心理病態是犯罪心理學中常常提及的一個概念,具體是指缺乏良知和共情能力的一群人。

心理病態(psychopathy)與反社會型人格障礙症(antisocial personality disorder, ASPD)這兩個概念雖然有許多相似之處,但並不完全一致。簡單來說,反社會型人格障礙症常常與犯罪行為連繫在一起。換句話說,反社會型人格障礙者比心理病態者更容易出現犯罪行為。

人類社會由千千萬萬個個體組成,那麼為什麼有些人的人格是正常的,有些人的人格卻是異常的,甚至還會是反社會型人格障礙?人格的異常由許多因素造成,其中最重要的一個因素是成長經歷,即心理病態者常常有一個悲慘的童年,例如韋斯特夫婦。

研究顯示,心理病態者童年常常會遭受父母的忽視、虐待,甚至是反感和冷漠。在一項調查研究中,調查者在倫敦找到了400名8歲到10歲的男孩,隨後開始了前瞻性的縱向調查。結果顯示,如果一個男孩成長於一個遭受忽視、人口

連自己的孩子都不放過—韋斯特夫婦

眾多、父母一方犯罪、母親憂鬱、貧窮等家庭環境中,那麼他在長大後極有可能會是一個心理病態者。

在一個人的童年時期,母親扮演著十分重要的角色,我們不僅需要母親的關愛,還要從與母親的相處中學會關愛他人的能力,這種愛的能力可以幫助一個人建立起良好的人際關係。但是韋斯特夫婦的童年生活卻充滿了暴力和性變態。弗雷德沒有從脾氣暴躁的母親那裡獲得應有的關愛,羅斯瑪麗的母親則有十分嚴重的憂鬱症。

羅斯瑪麗的母親經常遭受丈夫的虐待,因此患上了嚴重的憂鬱症。在親子關係中,憂鬱症的母親對孩子來說將是一場災難,孩子很快就會被母親的憂鬱情緒所感染。嬰兒為了獲得母親的關愛,不僅長著可愛的面孔,還會主動地、積極地與母親互動。憂鬱症的母親通常會忽視這種互動,於是嬰兒會感到沮喪和害怕,良好的母嬰互動關係也會因此結束。

羅斯瑪麗不僅沒有得到母愛,還在母親離開後,不斷遭受父親的虐待和性侵。當羅斯瑪麗與弗雷德結婚後,她終於擺脫了父親的掌控。只是此時的羅斯瑪麗已經不再是個正常人,她不具備正常人的情感。羅斯瑪麗的經歷恰恰證明了心理學家安娜・莫茲(Anna Motz)提出的暴力循環的理論,就像瑪麗安說的那樣:「我一直無法理解羅斯瑪麗所犯下的罪行,但當我聽說羅斯瑪麗之前曾遭受過父親的性虐待⋯⋯我想我懂了。」

如果說羅斯瑪麗的母親是個不合格的母親,那麼羅斯瑪麗就是個殘忍的母親,她不僅沒有盡到母親應有的責任,還一手策劃讓丈夫強姦親生女兒,甚至連親生女兒的死她也參與其中。在正常的親子關係中,母親是慈愛的,但在扭曲的親子關係中,母親往往會成為施暴者。莫茲認為,如果一個母親遭受過虐待或忽視,尤其是有過自殘行為,她們就很容易在幼小的生命面前,例如自己的孩子,扮演施暴者的角色,好像這樣就能報復曾經虐待過自己的人。莫茲還提出,女性之所以會出現殺害或虐待自己孩子的異常行為,通常與毀滅自身令人討厭的部分密切相關,因為她們往往將孩子看成自己的一部分。

連自己的孩子都不放過─韋斯特夫婦

凶手的年齡只有 10 歲──
喬恩・韋納和羅伯特・湯普森

凶手的年齡只有 10 歲—喬恩·韋納和羅伯特·湯普森

1993 年 2 月 12 日下午 4 點 14 分，英國利物浦的警方接到一名女士丹妮絲·巴爾傑（Denise Bulger）的報警電話，她兩歲的兒子詹姆斯·巴爾傑（James Patrick Bulger）在購物中心失蹤了。丹妮絲當時帶著詹姆斯在購物中心買東西，在去收銀臺繳費的時候，詹姆斯就站在肉舖前，當丹妮絲付完款後卻發現肉舖前早已沒了詹姆斯的身影。

丹妮絲立刻向購物中心的保全反映情況，商場便開始循環播放尋人啟事：「一個穿藍色連帽夾克和灰色長褲的兩歲男孩在商場內走失，請看見他的顧客領其到保全處，他的母親正在等他，謝謝！」在保全處等了一會兒後還沒有詹姆斯的消息，心急如焚的丹妮絲只能立刻報警。

警方在調取了購物中心內的監控錄影後，看到一個十來歲的男孩拉著一個剛剛學會走路的孩子的手，在 15 點 42 分走出購物中心。在這兩個孩子前面不遠處，有另一個十來歲的男孩在領路，這情景看起來就像兩個哥哥帶著弟弟在商場玩耍。經丹妮絲辨認，那個小男孩正是她的兒子詹姆斯。

當三個男孩走出監控範圍後，警方為了得到更多與詹姆斯失蹤案相關的線索，便透過新聞的方式向民眾徵集線索，還公開了那段監控錄影。

當天晚上，一名老婦人在看新聞時看到這則兒童失蹤案的報導，她回想起自己白天時看到的情景，於是立刻報了警。在三個男孩經過一個水庫時，這個老婦人看到小詹姆斯

的臉上有傷，就上前詢問情況。兩個大男孩對她說，小男孩臉上的傷是他自己不小心摔的。老婦人當即建議他們去找警察幫忙，還告訴他們附近警察局的方向，但他們卻朝著其他方向走了。老婦人當即懷疑起來，就朝著他們的背影大喊，但兩個大男孩都沒回頭。

還有一個帶著女兒的女人也看到了3個可疑的男孩，當時她還問他們在做什麼。其中兩個大男孩對她說，發現了一個迷路的小孩，他們正準備把他帶到警察局去，但女人卻注意到警察局明顯不在這個方向，於是她蹲下來察看小男孩的情況。當看到小男孩的臉上有傷痕時，就問他：「你還好嗎？」小男孩看起來很害怕，什麼也沒說。這時，其中一個大男孩看上去很緊張，想要逃走，但另一個大男孩卻表現得很鎮定。女子感覺事有蹊蹺，於是就想將他們送到警察局。但女子當時正帶著女兒，女兒已經累得走不動了。正好有個遛狗的女人路過此地，女子就拜託她暫時照看一下自己的女兒，卻被對方拒絕了，女子只能眼睜睜地看著3人離去。

一個在寵物店工作的人也看到過兩個大男孩帶著一個小男孩，當時他們還在寵物店待了一會兒。當他注意到小男孩臉上有傷時就打算攔下他們，但當時街上突然著火了，他忙著去救火，那3個男孩就趁亂離開了寵物店。

2月14日，4個小男孩在鐵道附近尋找踢失的足球時發現了一具小男孩的屍體。警方趕到後看到了這樣一幕：一具

凶手的年齡只有10歲—喬恩·韋納和羅伯特·湯普森

兒童的屍體就被放在鐵軌上，已經被火車軋成了兩截。後經確認死者正是失蹤的詹姆斯。警方考慮到詹姆斯的父母無法承受這慘不忍睹的一幕，立刻封鎖了現場，沒有讓記者拍屍體，只告訴記者發現了失蹤的詹姆斯的屍體。

屍檢結果顯示，詹姆斯的身上共有42處傷痕，主要集中在臉上和頭部，並且有多處骨折和刺傷，生殖器上也有傷痕，直腸裡還有一節電池。顯然，詹姆斯生前遭受了十分嚴重的虐待，但他並沒有馬上在虐待下死亡，在被扔在鐵道上好長時間後才斷氣。

詹姆斯的死在當時立刻引起了巨大的**轟動**，許多人為了表示對詹姆斯和他父母的同情，紛紛自發來到鐵道旁為詹姆斯舉行追悼儀式，甚至連詹姆斯被拐走的購物中心的門口也成了人們追悼詹姆斯的場所，擺滿了人們獻上的鮮花、玩具和燭光。媒體自然也十分關心詹姆斯，那段時間許多報刊的頭版頭條都與詹姆斯有關，要麼是案件的偵破流程，要麼是詹姆斯下葬以及出殯的情況。

不過警方隨後公開的案件資訊更讓人們覺得**驚訝**，殺死詹姆斯的凶手既不是人販子也不是戀童癖，而是兩個看起來只有十來歲的男孩。

由於監控錄影只拍到了兩個男孩的背影，警方無法確認他們的身分，只能確認他們的年齡應該在10歲到14歲之間。於是警方開始從各所學校排查2月12日這天缺課的學生，以

找到和兩個男孩相貌相符合的嫌疑人。

詹姆斯的慘死引起了公眾極大的同情，許多目擊者紛紛向警方提供線索，甚至有些父母會主動報警，揭發自己的兒子有作案嫌疑。一個匿名女子告訴警方，她的兒子羅伯特・湯普森（Robert Thompson）在案發當天逃學，而且回家時衣服上有可疑的藍色塗漆。

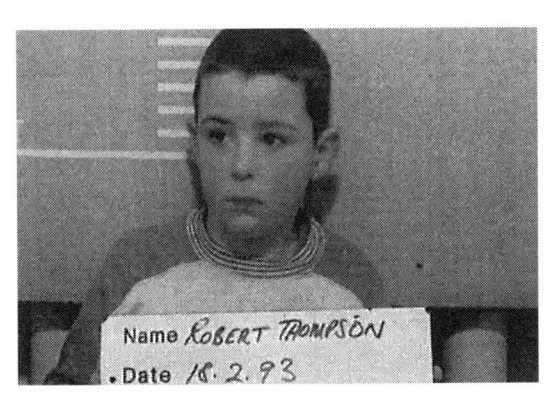

另一個匿名女子報警稱，她有個朋友名叫喬恩・韋納（Jon Venables），很可能是殺害詹姆斯的凶手之一。

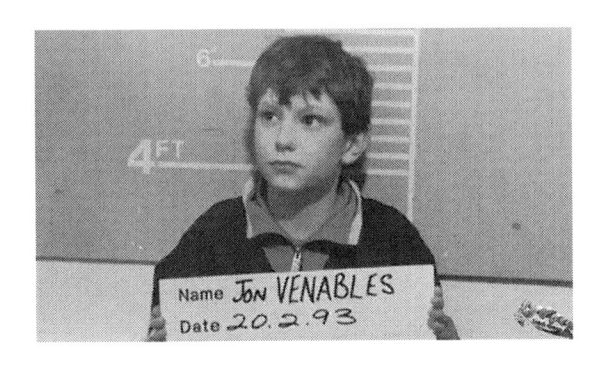

凶手的年齡只有 10 歲—喬恩·韋納和羅伯特·湯普森

警方分別派出警察到喬恩和羅伯特家。警方在羅伯特家找到了沾有血跡的鞋子，羅伯特意識到事情可能敗露了，就開始哭起來。

另一隊警察來到喬恩家時，喬恩倒是表現得很鎮定，但當警察準備將喬恩帶走時，喬恩立刻抱著母親的腿哭起來，邊哭邊喊著：「媽媽，我不想坐牢，我沒有殺死那個小孩，那都是羅伯特的主意，和我無關。」警方在喬恩家找到了殘留著詹姆斯指紋和血跡的衣服。在被強制帶到警車上後，喬恩表現得有些神經質，一直不停地問警察，是否抓到了羅伯特。而當警方要提取他的指紋時，喬恩立刻變得十分緊張：「這有什麼用？是不是碰了人的皮膚後就會留下指紋？你們要羅伯特的指紋了嗎？」

兩名凶手的年齡只有 10 歲，在審訊的過程中給警方帶來了很大的麻煩。喬恩表現得很慌亂，情緒一度失控，變得歇斯底里起來，於是警方只能安排他的母親進行安撫。剛看到母親時，喬恩顯得很激動，但在母親的安慰下，喬恩很快安靜下來，開始交代案情。

與喬恩不同，羅伯特表現得很鎮定，他告訴警察，在詹姆斯失蹤的那天，他的確逃課和喬恩一起到購物中心玩耍，他們也看到了詹姆斯，但並未將他帶走。離開購物中心後，他就和喬恩去了圖書館，然後回家了。警方隨後質問道：「為什麼監控錄影上帶走詹姆斯的那個男孩穿著和你一樣的夾

克?」羅伯特回答說:「這是一種很常見的夾克,到處都有賣的。」

警察:「我們認定就是你和喬恩拐走了詹姆斯。」羅伯特:「誰說的?」警察:「我們說的。」羅伯特:「不,我沒有拐走他。」警察:「那你告訴我們,那天究竟發生了什麼?」羅伯特:「報紙上不是都說了嗎?是喬恩牽著他的手。」

當然,羅伯特並不是永遠如此鎮定,當警察拆穿了他的謊言時,羅伯特會哭起來。但羅伯特哭的時候只有哭聲,沒有眼淚,這讓警察懷疑他是否真的感覺到了傷心,每當警察不再逼問他時,羅伯特的哭聲會立刻停止。

有時候,羅伯特被審問得不耐煩,就會對著警察大喊大叫:「你去問問我們的老師,看我和喬恩誰更壞,她一定會說喬恩更壞!而且我也有親弟弟,如果我想殺死一個小孩,為什麼不找他下手?」

當警察問及詹姆斯生殖器上的外傷和直腸內的電池時,羅伯特顯得十分激動,他大聲爭辯道:「我不是一個變態!」並拒絕回答這個問題。

最後,羅伯特終於承認自己參與綁架並殺害了詹姆斯,但動手的主要是喬恩,他還試圖阻止過,不過沒成功。

為了了解詹姆斯遇害的整個過程,警方還專門找來了心理專家。心理專家從羅伯特的家人那裡了解到,羅伯特很喜

凶手的年齡只有10歲—喬恩·韋納和羅伯特·湯普森

歡洋娃娃，尤其是能說話和唱歌的洋娃娃，於是心理學家決定採用「角色代入法」，讓羅伯特用木偶演示整個作案過程，心理專家一共帶了3個洋娃娃，還有一些代表著殺人凶器的刀具。心理專家對羅伯特說，這3個木偶分別代表著他、喬恩和詹姆斯，然後誘導羅伯特演示案發經過。羅伯特就開始演示喬恩木偶如何毆打詹姆斯木偶，而他的木偶則在極力阻止喬恩木偶施暴。

喬恩和羅伯特在審訊中的表現會讓人產生一種誤會：在拐走並殺害詹姆斯的整個過程中，羅伯特是主謀，喬恩則是個旁觀者。在警方進行深入的調查後發現事實並非如此，喬恩扮演著非常重要的角色，當然羅伯特也不是一個旁觀者。

喬恩經常和父親一起觀看暴力題材的電影，而往詹姆斯臉上潑顏料就是他的主意，這是他從電影上學習到的殺人橋段。據喬恩的老師反映，喬恩雖然身材瘦小，但有暴力傾向，尤其在他煩躁的時候暴力傾向會更嚴重，而且喬恩曾因打架被迫轉過學。

與喬恩不同，羅伯特在現實生活中是個羞澀內向的男孩，在見到陌生人時很容易緊張。在他們拐走詹姆斯的途中，接連遇到了幾個懷疑他和喬恩的路人，羅伯特一度表現得很緊張，並想拋下詹姆斯逃走，喬恩則表現得非常鎮定，還不停地鼓勵羅伯特要鎮定。

在詹姆斯遇害的消息傳得滿天飛時，羅伯特和喬恩分別

出現了不同的反應。羅伯特悄悄參加了詹姆斯的追悼儀式，並獻上了一朵玫瑰。在警察問他為什麼要為詹姆斯獻上一朵玫瑰時，羅伯特回答說：「當時我很想救他，但沒做到，事後我很後悔。」至於到底是自願還是掩飾，或許只有羅伯特自己才知道。

喬恩也十分關心案情的進展，經常和母親談論詹姆斯的案情，還會義憤填膺地說：「別讓我看到這兩個小惡魔，我會把他們的腦袋扭下來！」當從母親那裡得知詹姆斯的屍體被找到時，喬恩會用充滿同情的語氣對母親說：「他的媽媽真可憐。」

1993 年 11 月 1 日，羅伯特和喬恩被送往普雷斯頓皇家法庭接受審判。法庭外聚集了將近 500 名示威者，他們要求重判兩名凶手。在法庭上，羅伯特和喬恩被安排坐在墊高的椅子上，從頭到尾一直保持著沉默。最終法官莫蘭（Michael Morland）宣布兩人所犯謀殺罪名成立，被判處 8 年監禁，他們也因此成為英國現代歷史上年紀最小的殺人犯。

但這項判決結果顯然無法平息人們的憤怒，在輿論的壓力下，隨後英國最高法院對此案重新進行了審理，法官泰勒勳爵（Lord Taylor of Gosforth）將兩人的刑期增加到 10 年。不久之後，英國的內政大臣麥可·霍華（Michael Howard）就收到了一份有 2.8 萬個簽名的請願書，請願書請求加重對喬恩和羅伯特的懲罰，最終霍華德將兩人的刑期增加到 15 年。

凶手的年齡只有10歲—喬恩・韋納和羅伯特・湯普森

　　羅伯特和喬恩的辯護律師立刻提出了抗議，他以政府干涉司法判決和未成年人享有一些「特權」為由告到了歐洲人權委員會。1999 年，在歐洲人權委員的干預下，法庭決定讓兩人在 2001 年獲得假釋。在服刑期間，羅伯特和喬恩接受了系統教育，還通過了高中課程考試。

　　2010 年 4 月 19 日，喬恩獲釋前在監獄的生活被英國《每日郵報》曝光。喬恩的監獄環境十分豪華，他的牢房裡有寬屏電視、電子遊戲、吉他、音響系統，還有個人健身房。對於為什麼要提供喬恩如此好的生活條件，監獄管理者表示，他們這麼做是出於人道考慮，因為喬恩在入獄後出現了心理問題，並一度導致身體健康的惡化，為了防止喬恩出現自殺行為，於是就為喬恩安排了這套設施。

　　羅伯特在服刑期間比喬恩更好地利用了監獄的環境，他從未抱怨過，但當提到詹姆斯案件時，羅伯特出現了 PTSD 的症狀。在 16 歲時，羅伯特遇到了一個同在少管所服刑的女孩，兩人很快成了戀人。

　　羅伯特和喬恩在服刑期間，偶爾會在監管者的帶領下走出監獄，去湖邊、購物中心或影院獲得短暫的自由，喬恩甚至還去看了場曼聯球賽。

　　2001 年，羅伯特和喬恩在領取了新的身分證、出生證、護照及其他身分證明後重新融入社會，此外他們還有權向警方申請人身保護。為了防止媒體揭露兩人的資訊，英國還特

地發表了一項新法令，為此引來了許多媒體的強烈抗議。不過按照規定，兩人也不得回到案發地，還要斷絕彼此和與詹姆斯家人的來往。

詹姆斯是丹妮絲唯一的兒子，在詹姆斯出生前，丹妮絲曾有過一次流產的經歷。因此丹妮絲十分疼愛和珍惜詹姆斯這個兒子，而且詹姆斯長得非常可愛，有一雙大大的藍眼睛，還有一頭柔順的棕色頭髮，看起來就像一個洋娃娃。儘管詹姆斯已經逝去多年，但丹妮絲一直無法忘記殺死兒子的兩個凶手，當她得知羅伯特和喬恩獲得假釋，以全新的身分活在英國的某個地方後，就開始想方設法查詢兩人的下落。

一天，丹妮絲收到了一封匿名信，在信中匿名者交代了羅伯特的確切住址。他經常與羅伯特接觸，還告訴丹妮絲，羅伯特會經常在哪裡出現。

按照信中的指示，丹妮絲來到一條街上等待羅伯特的出現。此時的羅伯特已經是個 21 歲的成年人，與丹妮絲最後一次見到的樣子完全不同，但丹妮絲還是一眼認出了羅伯特，她甚至想衝上去大聲質問他為什麼要殺死那麼可愛的詹姆斯。但丹妮絲只是緊緊地盯著羅伯特，直到羅伯特在路口轉彎後消失。在一次採訪中，丹妮絲表示：「我本以為自己再見到他們，可能會選擇原諒。但當我看到羅伯特那雙邪惡的眼睛後，我發現自己還是那麼恨他。或許我一輩子都不會原諒這兩個殺人凶手！」

凶手的年齡只有 10 歲—喬恩・韋納和羅伯特・湯普森

羅伯特在獲得假釋後，很好地融入社會中，但喬恩卻多次因鬥毆和攜帶古柯鹼被警方傳喚。2010 年 2 月，假釋官接到喬恩的報告，喬恩說他的身分已經洩漏，正面臨著嚴重的生命威脅。於是假釋官立刻為喬恩安排新的住處，但假釋官卻意外發現喬恩的電腦中存有大量的兒童色情資料。喬恩在網路上偽裝成一個 35 歲的戀童癖母親，下載並傳播兒童色情資料。2010 年 7 月 23 日，喬恩因傳播兒童色情資料被判處兩年監禁。在喬恩再次入獄後，詹姆斯的案件再一次被媒體廣泛報導。

在羅伯特和喬恩被捕時，警方出於對少年犯的保護，刻意隱瞞了兩人的姓名，只將他們稱為「男孩 A」和「男孩 B」。但在人們的抗議下，主審法官只能同意將兩人的姓名公開。羅伯特和喬恩的家人由於受不了周圍人的怒火，從當地搬走。羅伯特和喬恩的家庭背景也被媒體曝光。

羅伯特出生於一個「老欺少、大欺小」的大家庭，他經常遭受父親、母親和 5 個哥哥的毆打。羅伯特的父親有家庭暴力傾向，經常毆打妻子和孩子，後來還拋棄了他們母子。羅伯特的母親有酗酒的毛病，喝醉了酒也會毆打孩子。在這樣糟糕的家庭環境影響下，羅伯特養成了冷漠無情的性格，他的幾個兄弟中有一個經常偷竊，有一個是縱火犯。

在學校裡，羅伯特幾乎沒有朋友，他的性格內向而害羞，不愛說話。但羅伯特卻很喜歡欺負低年級的同學。後

來，喬恩轉學到了羅伯特的班上。羅伯特很快就和喬恩成了好朋友，兩人經常一起逃學、做壞事，去欺負低年級的學生。老師注意到這兩個經常惹事的孩子，於是就將他們分到了不同的班級。但老師的這種做法並未產生效果，兩人還經常在一起做壞事。

羅伯特有一些喬恩很不喜歡的愛好，例如收集洋娃娃，喬恩覺得洋娃娃只有女孩子才喜歡。羅伯特特別喜歡會唱歌和說話的洋娃娃，而詹姆斯則長得很像洋娃娃。警方懷疑，詹姆斯直腸內的電池或許可以說明羅伯特將詹姆斯當成了一個洋娃娃，只要裝上電池就可以唱歌跳舞。在審訊過程中，羅伯特一直表現得很消極，對警察不理不睬，但當看到心理專家帶來的木偶時，羅伯特立刻變得活躍起來，在拿著木偶演示作案過程時也顯得興致很高。

喬恩出生於一個破裂的家庭，他的父母幾次離婚又復合。喬恩有兩個哥哥和一個妹妹，由於家族遺傳憂鬱症史，家裡的孩子要麼容易神經質、歇斯底里，要麼智力發育緩慢，喬恩兄妹幾個經常因此受到鄰居孩子的欺負。隨著年齡的增長，喬恩變得越來越神經質，經常會因為煩躁不安而與人打架，後來因為打架被迫轉學。老師們對喬恩的印象很深，因為他經常在上課時出現一些怪異的舉動，例如發出怪聲響，或者用剪刀剪自己的衣服，一下課就喜歡大喊大叫。喬恩的父親很喜歡租片子拿回家看，以暴力電影為主，喬恩

也很喜歡暴力題材的電影，經常和父親坐在客廳觀看。

在 1993 年 2 月 12 日這天，羅伯特和喬恩在逃學時相遇。他們先是在購物中心搞破壞和偷東西，然後又去麥當勞胡鬧，在踩髒了所有凳子後，惹惱了店員。被轟出麥當勞後，兩人覺得百無聊賴，忽然想到找一個小孩作樂。於是兩人開始在購物中心尋找年齡比他們小的孩子，並用糖果引誘。起初兩人成功引誘的孩子並不是詹姆斯，而是另一個孩子，當孩子的母親結完帳後發現自己的孩子不見了，接著就看到喬恩和羅伯特領著自己的孩子往門外走，於是她立刻衝過去將孩子抱走。失敗的兩人只能繼續回到購物中心尋找目標，然後他們盯上了詹姆斯。

【破壞性傾向】

　　羅伯特和喬恩在學校裡幾乎沒什麼朋友，但他們兩個人卻是好朋友。對於只有10歲的孩子來說，他們雖然無法區分誰好誰壞，但會有意識地和與自己相似的人交朋友。絕大多數的孩子都會避免和羅伯特、喬恩這樣到處惹麻煩的孩子成為朋友，當然像羅伯特和喬恩這樣有犯罪傾向的孩子也無法與正常孩子玩到一起，因為他們的愛好完全不同。

　　除了上學外，孩子們有大量的閒散時間可供自己支配。許多孩子都會結伴外出遊玩，或到街上四處閒逛，例如去購物中心。對於正常孩子來說，去購物中心就是閒逛而已，在閒逛過程中和朋友們聊聊學校最近發生的事情。但對於羅伯特和喬恩而言，閒逛則意味著給他人製造麻煩，例如他們會將麥當勞的凳子一個個都踩髒。

　　在拐走和殺死詹姆斯之前，羅伯特和喬恩就已經出現了犯罪行為，他們會趁著售貨員繁忙的時候，偷走糖果、電池、顏料、鋼筆、鉛筆、洋娃娃、水果等，然後將偷來的贓物帶到電梯口進行分贓，其中大部分偷來的東西都被他們扔在了電梯口。對於兩人來說，偷東西並不是為了得到某樣東西，而是為了尋求刺激。由於兩人屢次僥倖逃脫，所以他們

145

變得越來越大膽，開始尋求更刺激的事情。他們的犯罪行為也從偷竊變成了更嚴重的殺人。

在羅伯特和喬恩被捕後，他們將出主意拐走一個小孩的責任都推到對方身上。不論是誰先提出的這個主意，但都得到了對方的贊同和認可，他們有一個共同的想法，即拐走和虐待一個小孩是個刺激、可行的計畫，於是他們立刻開始付諸實際行動。

具有破壞性傾向的孩子從小就會給周圍的人帶來麻煩，例如偷父母的錢，或到商店偷竊。如果這些犯罪行為能及時被發現，並得以矯正，那麼這個孩子就可能會走上正軌。但如果他僥倖逃脫了，那麼他的犯罪行為會變得越來越大膽，所犯的罪行也會越來越嚴重。

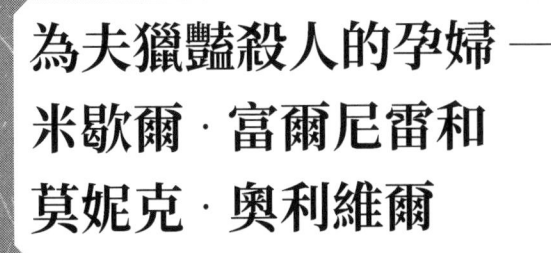

為夫獵豔殺人的孕婦——
米歇爾‧富爾尼雷和
莫妮克‧奧利維爾

為夫獵豔殺人的孕婦—米歇爾・富爾尼雷和莫妮克・奧利維爾

2003 年 6 月 26 日，法國和比利時交界處的小鎮上發生了一起綁架未遂案，被害人是一個只有 13 歲的女孩，名叫瑪麗。綁架者是個身材消瘦、戴著一副眼鏡、面相斯文的男子，名叫米歇爾・富爾尼雷（Michel Fourniret）。

富爾尼雷主動將車停在瑪麗身旁，並提出搭載她一程。一個陌生男子突然提出這種要求讓瑪麗覺得很危險，她拒絕了富爾尼雷，並大聲斥責富爾尼雷，讓他離自己遠一點。富爾尼雷直接從車上下來，他想要強行將瑪麗帶上車，瑪麗想逃走，卻仍然被富爾尼雷抓到車上。富爾尼雷將瑪麗的雙手捆綁起來後，就將她丟在了貨車後面的車廂裡，然後開車離開。

在汽車行駛的過程中，瑪麗不停地用腳狠踹貨車的後門，後門漸漸開始鬆動，並被瑪麗踹開，她從後車廂掉了下來，正好有一輛車注意到了瑪麗，汽車的司機將車停下來。富爾尼雷在察覺到瑪麗逃走後，立刻停車想將瑪麗重新抓回來，但當他看到瑪麗已經被一名司機救下後立刻倉皇逃走，而瑪麗和那名司機則記下了富爾尼雷的車牌號，並將車牌號告訴了比利時的警方。

與此同時，警方懷疑富爾尼雷與 2000 年 2 月發生在比利時熱迪訥火車站附近的一起綁架未遂案以及 1993 年年輕保母失蹤案有關。

在審訊中，富爾尼雷口風很緊，絲毫不肯承認自己是個連環殺手，只承認他綁架了瑪麗。富爾尼雷的妻子莫妮克・

奧利維爾（Monique Olivier）也被警方當作重要嫌疑人逮捕並審訊。在 2004 年 6 月底，奧利維爾開始向警方透露，富爾尼雷殺死了家裡的年輕保母，當時她發現丈夫與這個女孩有姦情，富爾尼雷為了讓女孩閉嘴就勒死了她，而且富爾尼雷還殺害了其他 8 名年輕女子。

奧利維爾會主動透露實情，是因為她得知比利時連環殺手馬克・杜特斯（Marc Dutroux，被稱為「比利時頭號殺童惡魔」，因綁架和強姦 6 名少女並殺害其中 4 人被捕）在 6 月 22 日被判處終身監禁，而他的前妻則因協同綁架等罪名被判處 30 年監禁。奧利維爾擔心她會像杜特斯的妻子一樣因協同犯罪被判處重刑，她希望自己的主動坦白能爭取到寬大處理的機會。

1960 年代，24 歲的富爾尼雷因猥褻一個女孩被警方逮捕，並被判處 6 年監禁。在此期間，富爾尼雷接受了一名精神病專家的精神鑑定和治療，專家認為富爾尼雷能透過治療而變成一個正常人，顯然專家的這個結論錯得離譜，富爾尼雷不僅沒有避免再次作案，反而在出獄之後展開了長達 18 年的變態殺人之旅，至少有 8 名女孩被他殺害。

在長達 6 年的監獄生活中，富爾尼雷表面上已經改邪歸正，實際上一直在策劃完美的作案方法。他和許多罪犯一樣會在犯罪後進行總結，讓自己的作案手段一步步趨於完美，避免再次被警方逮捕。富爾尼雷認為，如果他能找一個女性

為夫獵豔殺人的孕婦—米歇爾·富爾尼雷和莫妮克·奧利維爾

同夥，讓一個女人和自己一起犯罪，那一定能躲過警方的懷疑。

這是一個相當狡猾的作案方式，不僅可以使被害人放鬆警惕、輕易上鉤，還能避開警方的調查。對於一些年輕女孩來說，一個陌生男人主動提出搭載一程或者向她求助，她一般不會同意，警惕性會很高，但如果是一個女人或一對夫婦，那麼她的警惕性會大大降低，奧利維爾就扮演了一個誘餌的角色，輕易騙取被害女孩的信任。警方在案件調查中，鎖定犯罪嫌疑人的時候很容易陷入一種迷思，忽略掉那些有家庭的男人，因為穩定的工作和家庭是正常男人的標配，人們很容易忽視一切看起來正常的對象。

富爾尼雷透過在報紙上刊登廣告的方式尋找女人，他的廣告詞寫得很直白：「我是一名囚犯，在監獄裡生活得很寂寞，想和一個女人交往，如果有女人願意和我交往，那就請與我聯絡。」

一個在監獄服刑的男人，對於絕大多數女性來說都是要遠離的危險人物，但有一些女性會被這些散發著危險氣息和充滿風險性因素的男人所吸引，奧利維爾就是這樣的女人，她主動與富爾尼雷聯絡，之後的幾年內兩人透過書信的方式溝通交往和談戀愛，他們往來的信件中飽含著愛意和性。

在富爾尼雷出獄前，奧利維爾就與他結了婚。之前，奧利維爾有過兩任丈夫，她的上一任丈夫馬克是個虐待狂，曾

虐待、傷害過奧利維爾，奧利維爾希望富爾尼雷能幫自己報仇，讓馬克嘗一下被虐待的滋味，並殺死馬克。作為交換條件，奧利維爾會幫他引誘一些可供侵犯的年輕女孩。

富爾尼雷出獄後，奧利維爾就與他一起搬到法國的歐塞爾地區居住，兩人很快就實施了他們的首次犯罪，被害人是一名17歲少女，名叫伊莎貝爾·拉威爾（Isabelle Laville）。當時伊莎貝爾剛放學，正走在回家的路上，這時富爾尼雷已經盯上了她，他覺得伊莎貝爾一定是處女。富爾尼雷在挑選目標的時候，傾向於選擇處女，他有處女情結。富爾尼雷認定伊莎貝爾後，就將車慢慢向她身邊停靠。接下來，奧利維爾出馬了。

奧利維爾親切又熱情地朝伊莎貝爾打了聲招呼，然後開始詢問小鎮的加油站在哪裡。伊莎貝爾覺得這對夫妻很和善，而且很有禮貌，她放鬆了警惕，開始和奧利維爾交談，最後上了他們的汽車，她想親自帶他們去加油站。對於許多普通女孩來說，幫助一對和善的夫婦是一件再正常不過的事情，沒有人會拒絕。一上車，富爾尼雷立刻制服了伊莎貝爾。伊莎貝爾在遭受強姦後，被富爾尼雷殺害。

儘管奧利維爾在被捕後一直聲稱自己是無辜的，是受到了富爾尼雷的脅迫，不得已幫他誘騙年輕女孩。但實際上，奧利維爾並非她所說的那麼無辜，她扮演的是一個協助者的角色，不僅會幫助富爾尼雷誘騙年輕女孩，還會目睹整個過

為夫獵豔殺人的孕婦—米歇爾·富爾尼雷和莫妮克·奧利維爾

程,甚至還會在臥室和富爾尼雷一起實施整個謀殺過程,會在情景重現中從暴力和謀殺中體會到性高潮。在整個犯罪過程中,奧利維爾扮演著十分重要的角色,她的女性身分讓被害人放鬆警惕,甚至主動上車,走進他們的謀殺陷阱中。如果沒有奧利維爾的幫忙,富爾尼雷的謀殺行動根本無法進行下去。

伊莎貝爾失蹤後,警方立刻接到了報案。當時警方懷疑伊莎貝爾被另一名連環殺手埃米爾·路易士(Émile Louis)綁走了,因為埃米爾曾多次在伊莎貝爾失蹤的地方作案。警方將埃米爾的畫像貼得到處都是,希望人們能夠提高警惕並提供伊莎貝爾失蹤的線索。同一個地區一下子出現了兩個連環殺手,這在法國是罕見的現象。直到19年後,伊莎貝爾的屍體才被人們發現,她的屍體就藏在法國一個接近歐塞爾的小村莊的井底。

後來,富爾尼雷和奧利維爾離開了歐塞爾,前往巴黎北部,他們要去國家森林公園裡尋找寶藏。在服刑期間,富爾尼雷認識了一個名叫讓—皮埃爾·赫洛葛羅奇(Jean-Pierre Hellegouarch)的罪犯,兩人成了好朋友,經常在一起聊天。在一次聊天中,赫洛葛羅奇告訴富爾尼雷,他因搶劫銀行入獄,他曾將搶來的金幣全都藏在了巴黎北部的一處森林中。出獄後,富爾尼雷就一直惦記著這筆寶藏,他覺得只要找到這筆錢,自己的人生就會發生改變,於是他找到了赫洛葛羅

奇的妻子法麗達（Farida Hammiche），與她結成同盟，一起前往森林中尋找寶藏。

為了和法麗達結盟，富爾尼雷讓她相信只要找到寶藏，他一定會和她平分。但事實上，富爾尼雷根本不打算和法麗達共同享有這筆寶藏，法麗達於他而言只是一個尋找寶藏的工具，相當於一張活著的藏寶圖。

在富爾尼雷和法麗達的努力下，他們終於在巴黎北部的國家公園裡找到了金幣。只是這些金幣很難出手，兩年後他們才在布魯塞爾找到了一個買家，用金幣換了120萬法郎。此時的法麗達已經完全失去了利用價值，富爾尼雷開始計劃著除掉法麗達。

富爾尼雷和奧利維爾將法麗達騙到了亞爾丁高地一處荒涼的森林中，他們對法麗達說，要去那裡分配財產。法麗達很信任他們兩人，毫無防備地跟著他們來到了森林。奧利維爾開著車，富爾尼雷就坐在車後座上。突然之間，富爾尼雷用鞋帶迅速地勒住了法麗達的脖子，法麗達一直不停地掙扎，富爾尼雷在制服法麗達的過程中口袋裡的彈簧刀掉了出來。奧利維爾將彈簧刀撿起來，然後遞給富爾尼雷，富爾尼雷用刀殺死了法麗達。之後，他們將法麗達的屍體丟棄在荒蕪的森林中的某處，法麗達的屍體至今也沒有被找到。

後來，富爾尼雷和奧利維爾用這筆錢的一部分在亞爾丁高地和比利時邊境交界處的沙勒維爾－梅濟耶爾買了一座城

爲夫獵豔殺人的孕婦—米歇爾·富爾尼雷和莫妮克·奧利維爾

堡。這座城堡名叫「沙通城堡」(Château du Sautou)，地處偏僻，在一片密林和高山之中，周圍也沒有其他住戶。對於他們兩人來說，這座城堡是絕佳的作案場所，不會被人發現，還能輕易掩蓋住被害人的尖叫聲。

很快，奧利維爾就懷上了富爾尼雷的孩子，她漸漸被富爾尼雷掌控，即使富爾尼雷根本沒兌現承諾，殺死她的前夫馬克，她也會自願滿足富爾尼雷的全部要求，幫助富爾尼雷去犯罪。富爾尼雷全權掌握著奧利維爾，例如當兩人一起去參加派對時，只要沒他的允許，奧利維爾就不會開口說話。

此時的奧利維爾具有更強的迷惑性，她是個孕婦，只要她開口向別人求助，幾乎不會有人拒絕她。凡是有正常情感的人，都會對一名孕婦產生同情和保護欲。年輕的女學生法比葉娜·勒羅伊(Fabienne Leroy)就陷入了奧利維爾的死亡陷阱中。當富爾尼雷在超市裡看上法比葉娜這個目標後，奧利維爾就去引誘她上鉤。

當時奧利維爾已經有了幾個月的身孕，她挺著孕肚走到法比葉娜的面前對她說：「我身體有點不舒服，妳能不能帶我去醫院？」說著，奧利維爾指了指自己的汽車。其實這時富爾尼雷就蜷縮在汽車後座的下面，只要法比葉娜一上車，他就會立刻將其制服。法比葉娜沒有拒絕奧利維爾這個孕婦，一步步走向了那輛死亡汽車。

富爾尼雷用繩子勒住法比葉娜的身體，法比葉娜在掙扎

了一會兒後就因窒息漸漸昏迷過去。富爾尼雷立刻發動汽車離開了小鎮。之後,富爾尼雷對法比葉娜實施了性侵,在慾望得到滿足後,他就朝著法比葉娜的腦袋開了一槍。殺死法比葉娜後,富爾尼雷將她的屍體丟棄在森林的某處。如同一個連環殺手所說的那樣,他已經品嘗過糖果的味道了,包裝紙就沒必要留著了。對於富爾尼雷來說,他的慾望已經得到了滿足,法比葉娜就沒必要留著,丟棄她的屍體就如同丟棄一張包裝紙一樣隨意。

法比葉娜的突然失蹤,自然引起了周圍人的注意。但警方在接到這樣的失蹤案時顯得有些束手無策,因為沒有目擊者看到法比葉娜和可疑者離開,警方甚至無法確定法比葉娜是否真的失蹤了。畢竟法比葉娜是主動走上一名孕婦的汽車,並非被人脅迫。

幾個月後,奧利維爾為富爾尼雷生下了一個兒子。小嬰兒的介入,讓兩人的謀殺變得更加順利。當一個人看到一輛車上有一對夫婦和一個小嬰兒的時候,絕不會有警惕心,而且警察在調查案件的時候也不會懷疑到這樣一個有著健全家庭的男人身上,更不會想到這對夫婦會帶著自己的孩子一起去犯罪。

貞德・瑪麗・德力斯穆特(Jeanne-Marie Desramault)在一趟往來於巴黎和沙勒維爾—梅濟耶爾的列車上認識了富爾尼雷,她的座位距離富爾尼雷只有幾英尺遠。富爾尼雷在盯上

為夫獵豔殺人的孕婦—米歇爾·富爾尼雷和莫妮克·奧利維爾

貞德後，就主動與她攀談起來。富爾尼雷在聊天中提到了自己的妻子奧利維爾，還說奧利維爾就在列車的終點站接他。富爾尼雷還提到自己有個年幼的兒子，他們夫妻二人總因為照顧他而手忙腳亂，一直打算找個保母幫助他們夫妻一起照顧兒子。

貞德對眼前這個友好善談的男人很有好感，立刻表示她可以勝任保母一職。貞德是個很獨立的女孩，經常獨自一人外出旅行，她想透過照顧小孩賺一些零用錢。貞德的生活經驗告訴她，眼前這個男人剛剛做了父親，根本不會有任何危險。

列車到站後，富爾尼雷和貞德一起下車，貞德很快就看到了前來接站的奧利維爾。富爾尼雷對貞德說，他們可以搭載她一程。最初貞德拒絕了，她還要和幾個朋友見面，不過她表示第二天一定會按照承諾到富爾尼雷家去。最終在富爾尼雷的堅持下，貞德上了汽車。

在汽車行駛的過程中，富爾尼雷的一個問題讓貞德十分震驚，她開始害怕，並提出了下車的要求。富爾尼雷的問題是，貞德是否是一名處女。貞德在震驚後回答說她有男朋友。後來富爾尼雷突然對貞德發起了攻擊，將貞德制服後，富爾尼雷就當著妻子、兒子的面強姦了貞德。在將貞德扼死後，富爾尼雷將貞德的屍體藏在了冰箱裡。幾天後，富爾尼雷將貞德的屍體搬出冰箱，埋到了城堡外的土裡。

警方在接到貞德失蹤的報案後,認為是連環殺手埃米爾綁走了貞德,還擔心一貫在法國南部作案的埃米爾來到了北部。當時的法國出現了許多連環殺手,例如馬克·杜特斯就曾在富爾尼雷待過的地方殺害了 6 個女孩。

之後,富爾尼雷和奧利維爾開始越過邊境線,到比利時境內尋找「獵物」,12 歲的伊莉莎白·布麗吉特(Elisabeth Brichet)就是他們在比利時境內的那慕爾城內盯上的「獵物」。為了吸引伊莉莎白的注意,奧利維爾故意將只有幾個月大的兒子弄哭。伊莉莎白被嬰兒的哭聲所吸引,並答應幫助奧利維爾哄哄大哭著的嬰兒。

一上車,伊莉莎白就遭到了富爾尼雷的攻擊。他們將伊莉莎白帶回了城堡,富爾尼雷在強姦過伊莉莎白後並未立刻將她殺死,在留了她幾日後才將她殺害,並將伊莉莎白的屍體埋在了城堡附近,直到 15 年後警方才找到伊莉莎白的屍體。

警方在接到伊莉莎白的失蹤報案後,立刻展開調查。但沒有目擊者提供線索,也沒有找到伊莉莎白的屍體,她就這麼憑空消失了,最終毫無頭緒的警方只能放棄調查。

11 個月後,娜塔莎·達麗思(Natacha Danais)被這對夫婦盯上了,當時她正和媽媽一起逛超市,在和媽媽分開一會兒後,奧利維爾就出現在了娜塔莎的面前,她說自己的身體有點不舒服,希望娜塔莎能將她送到醫院去。於是娜塔莎

為夫獵豔殺人的孕婦—米歇爾·富爾尼雷和莫妮克·奧利維爾

被奧利維爾哄騙到汽車裡，在車裡等待的富爾尼雷立刻用東西堵住娜塔莎的嘴巴，開車離開了。與之前的所有被害人一樣，娜塔莎在遭受了性侵後被富爾尼雷扼死，她的屍體就被富爾尼雷丟棄在南特附近的沙灘上。

3天後，有人發現了娜塔莎的屍體。警方根據線索抓到了凶手，也就是娜塔莎的鄰居讓·格魯瓦（Jean Groix）。最終格魯瓦被送進了監獄，無辜入獄的格魯瓦在暴怒之下殺死了兩個人，這讓警方更加確定他就是凶手。

1990年之後很長一段時間內，亞爾丁高地附近的警方都沒有接到過失蹤人口的報案，富爾尼雷似乎停手了。在2000年，富爾尼雷再次出手，他對奧利維爾說想要繼續獵殺處女。這一次，富爾尼雷決定獨自行動。

富爾尼雷在盯上18歲的學生席琳·塞松（Céline Saison）後，就主動上前搭話，他說自己不小心迷路了，希望席琳能幫助他。席琳上了富爾尼雷的車，然後富爾尼雷將車門反鎖，並提出發生性關係的要求，還威脅說如果席琳不同意他就會將硫酸潑到她的臉上。富爾尼雷在強姦過席琳後，就勒死了她。

回到家後，富爾尼雷將殺害席琳的整個過程都告訴了奧利維爾，並向奧利維爾炫耀席琳的書包，還將書包裡的所有東西都倒出來給奧利維爾看，好像在炫耀戰利品一樣。富爾

尼雷告訴奧利維爾，這種單獨捕殺的過程讓他覺得很享受和滿足。

富爾尼雷殺死的最後一名女性是個泰國裔女孩，名叫瑪娜亞·桑彭（Mananya Thumpong），13歲。富爾尼雷在將瑪娜亞騙到車廂內後，就強姦並殺死了她，最後將瑪娜亞的屍體丟棄在附近的樹林中。回到家後，富爾尼雷再次向奧利維爾吹噓了這場成功的獵殺過程，他決定再次單獨行動，這也導致了他的被捕。

2004年，富爾尼雷因8起謀殺罪和強姦罪被判處終身監禁且不得申請假釋。奧利維爾被判處終身監禁，在28年後可以申請假釋。

在富爾尼雷的罪行曝光後，他將所有的責任都推卸到母親身上，他說自己會成為一個殺人惡魔，是因為小時候遭受了母親的性侵和虐待。對此種說法，犯罪專家們均表示懷疑，認為這極有可能是富爾尼雷捏造的。而且就算富爾尼雷說的都是真的，他的童年經歷也不應該為他的罪行買單，有許多人都曾在童年時期遭受性侵或虐待，但並不會成長為一個殺人惡魔。

據富爾尼雷所說，他的童年過得十分艱苦，由於貧困他只能和母親、姐姐擠在一間簡陋的屋子內。富爾尼雷經常抱怨他的母親和姐姐使用一個鐵桶便溺，他覺得這對女性來說

是一種很不得體的行為，簡直就是一種退化行為。

經常看到母親和姐姐用鐵桶之類的便盆上廁所，會對這種行為產生厭惡是一種很正常的心理，但富爾尼雷卻將這種厭惡延伸到了其他女人身上，甚至對女性這個族群產生了厭惡。

富爾尼雷一直執迷於處女情結，在他心目中只有聖母瑪莉亞才是完美的女性，因為她是純潔的。由於處女情結，富爾尼雷會選擇處女下手，在他看來只有純潔的處女才有資格作為他的「獵物」。富爾尼雷表示，他此生唯一的遺憾就是沒能和一個處女結婚。

【原始的情感經驗】

富爾尼雷無疑是個反社會人格者，他表面上看起來十分和善，還非常健談，似乎和所有正常的男子一樣，但這只是他的保護色而已，他知道只有偽裝成正常的樣子才能不被警察所懷疑，才能更好地去尋找「獵物」。

反社會人格者之所以可怕，不僅在於他沒有正常的情感，還在於他十分聰明且善於謀劃。大多數的反社會人格者的智商都很正常，甚至比普通人要高，他們雖然沒有情感能力，卻會學習如何表現出關心、如何利用情感控制他人。

富爾尼雷就是一個很聰明的人，他會從第一次犯罪被捕中總結經驗教訓。這起連環強姦殺人案的可怕之處在於，富爾尼雷為自己營造了一個再正常不過的普通人的身分，他的妻子奧利維爾已經被他完全控制，成為他的犯罪工具，他的兒子也成為他誘使被害人上鉤的工具。試問有誰會對這樣一個三口之家產生警惕呢？如果不是罪行曝光，富爾尼雷就像你的鄰居一樣，是個有家室的正常男人，但實際上這層身分只是富爾尼雷用來掩護罪行的工具而已。

奧利維爾在富爾尼雷的一系列犯罪行為中發揮了十分關鍵的作用。她的種種言行令人十分費解，凡是正常的女性都

為夫獵豔殺人的孕婦—米歇爾・富爾尼雷和莫妮克・奧利維爾

會被富爾尼雷的可怕罪行所嚇倒,會想盡辦法遠離富爾尼雷,但她卻主動充當了富爾尼雷的犯罪工具。有一部分女性的確會像奧利維爾一樣被危險的男人所吸引,她們會覺得越是危險的男人越有魅力,甚至會覺得和這樣一個男人一起犯罪會使兩人緊緊地連繫在一起。

在現實生活中,我們常常會不自覺地用長相來對一個人的品行進行判斷。對於像富爾尼雷這樣的反社會人格者來說,他深諳此道,因此他十分擅長將自己偽裝成一個正常人,他戴著一副眼鏡,看起來很斯文,根本不具有任何危險性,但事實上他是一個十分冷酷冷血的人。在富爾尼雷被捕後,他聲稱自己會變成一個殺人惡魔,是因為遭到了母親的虐待和性侵。許多犯罪專家都很懷疑富爾尼雷的這種說法,因為反社會人格者十分擅長利用人們的同情心,他極有可能是在偽造一個糟糕的童年,從而博得人們的同情。

如果不是富爾尼雷單獨進行犯罪,或許他永遠也不會被捕。對於富爾尼雷這樣的反社會人格者來說,他只具有原始的情感經驗,具體表現除了生理痛苦外,就只剩下短期的挫折和成功所引起的情感反應。例如富爾尼雷會從一次成功的強姦和殺人中獲得愉悅感,不過這種愉悅感維持的時間很短暫。當然富爾尼雷也會從挫折中產生憤怒感,例如當他引誘被害人上車被拒絕時,他一定會感到挫敗,因而立刻暴怒起來,將被害人強行綁到車裡。

這些情感與正常人所擁有的高級情感不同，只受到邊緣系統的控制，而不受大腦皮層的控制。對於富爾尼雷來說，總是藉助奧利維爾去引誘「獵物」上鉤無法激起自己的好鬥和興奮感，所以他選擇了獨自捕獵。在第一次捕獵成功後，富爾尼雷體會到了一種全新的興奮感，因此他會興致勃勃地向奧利維爾炫耀。如果不是遭到被捕，富爾尼雷永遠不可能停手，因為他的情感系統決定了他只能透過強姦和殺人來獲得原始的情感經驗，如果他不能強姦和殺人，那麼他就無法感受這種僅存的原始情感經驗，他的生活將會被無聊所淹沒。像他這樣的反社會人格者終其一生都不應該獲得自由，他的自由於他人而言就是危險。

爲夫獵豔殺人的孕婦—米歇爾·富爾尼雷和莫妮克·奧利維爾

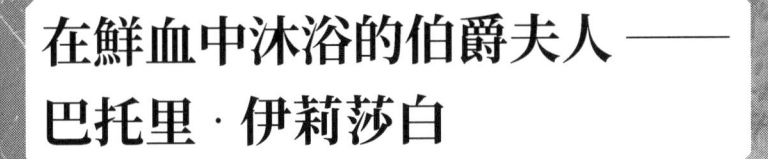

在鮮血中沐浴的伯爵夫人──巴托里・伊莉莎白

在鮮血中沐浴的伯爵夫人─巴托里·伊莉莎白

巴托里·伊莉莎白（Báthory Erzsébet）是歷史上殺人數量最多的女性連環殺手，她於 1560 年 8 月 7 日出生在匈牙利王國的一個貴族家庭，她的家族所擁有的財產甚至超過了當時的匈牙利國王。伊莉莎白長得很漂亮，據說還是匈牙利的第一美女。伊莉莎白還很聰明，年紀輕輕就精通了拉丁文、德文、希臘文三種語言，還對科學和天文學頗有興趣。

15 歲時，伊莉莎白與納達斯迪·費倫茨（Nádasdy Ferenc）伯爵訂婚，並在 1575 年 5 月 8 日完婚，從那以後伊莉莎白就搬到了匈牙利薩法的納達斯迪堡居住。納達斯迪是個將軍，常年在外征戰沙場，很少待在家裡，於是伊莉莎白這個伯爵夫人就成了家中執掌大權的人，可以任意處罰家裡的僕人。

在當時，貴族之間流行著一種風氣，即以折磨僕人為樂。伊莉莎白或許受到風氣的影響，十分喜歡用殘忍的方式

懲罰女僕。只要女僕犯下一點小錯,伊莉莎白就會用非常殘忍的方式來懲罰她,例如用燒紅的鐵棍燙傷女僕或拿針刺女僕。伊莉莎白的一生中一共生下了 8 個孩子、4 個兒子、4 個女兒,其中一個兒子和一個女兒在很小的時候便夭折了。伊莉莎白自從生完孩子後,就開始變本加厲地折磨女僕,許多女僕都被她折磨至死。

伊莉莎白似乎很喜歡折磨女僕,她還特地研發了許多殺人方式和刑具,後來甚至還在自己的城堡內建立了一個專門用來折磨女僕的刑室,並將其稱為「尊貴富人的刑室」。起初,伊莉莎白只會命令手下毆打女僕,或者用燒紅的鐵棍燙傷女僕的手、臉、下體。後來伊莉莎白想出了切斷手、咬下女僕身上的肉等許多令人膽寒的虐待方式。有時伊莉莎白還會命人將女僕的衣服扒光,然後將她拖到雪地裡,往她的身上不停地澆水,直到女僕活活凍死。

被伊莉莎白虐待致死的女僕大多是城堡附近的農家女,也有一些人會主動送少女給伯爵夫人。這些農家女都是主動來城堡當佣人的,因為伯爵夫人給佣人的待遇很高,許多農家女都在金錢的吸引下來到城堡,但這裡等待她們的卻是地獄般的折磨。後來,伊莉莎白開始將目標轉移到前來城堡學習禮儀的少女身上。在當時有許多父母會主動將女兒送到城堡,學習一些貴族的禮儀,這些少女最終都成了伊莉莎白虐待的對象。

在鮮血中沐浴的伯爵夫人—巴托里·伊莉莎白

　　後來，伊莉莎白開始用少女的鮮血沐浴，還將少女的鮮血當成飲品喝下，伊莉莎白固執地認為少女的鮮血可以讓她永保青春。作為匈牙利的第一美女，伊莉莎白一直很注重保養自己的美麗容顏，但自從她生過孩子後，她的身體產生了變化，而且隨著年齡的增長，伊莉莎白發現自己正在慢慢變老。為了挽回青春和美麗的容貌，伊莉莎白使用了最昂貴的化妝品，穿著最華麗的衣服，但她還是無法與具有青春活力的少女相比。

　　據說，一位女僕在為伊莉莎白梳頭髮的時候不小心拉斷了她的一根頭髮，伊莉莎白立刻被激怒了，她拿起鞭子狠狠地抽打女僕，女僕的鮮血濺得到處都是，甚至濺到了伊莉莎白的臉上。後來伊莉莎白照鏡子的時候發現，被濺上鮮血的臉似乎沒了皺紋，恢復了從前的美麗。伊莉莎白興奮極了，她以為自己找到了永保青春的方法，從那以後伊莉莎白就開始用少女的鮮血沐浴，每當她沐浴完畢後，都覺得自己變年輕了。在此之前，伊莉莎白曾聽說過一個遠古時流傳下來的說法，即別人的鮮血可以使一個人的身體和精神都產生變化。自從開始用鮮血沐浴和喝血後，伊莉莎白越發相信這種古老的說法。

　　城堡裡少女失蹤的事件在當地開始流傳開來，直到1602年一名少女成功逃出城堡後，將自己的遭遇告訴給匈牙利的官員，伊莉莎白所犯的案件才受到了政府的重視，政府還專

門派人去進行了調查。

伊莉莎白根本不在乎調查者,她一直都覺得自己的權力至高無上,沒有人能管住她,即使法律也不能拿她怎樣。1610年12月30日,伊莉莎白在折磨死4名少女後,就派人將屍體從城堡上丟了下去。附近的居民看到屍體後,立刻將此事報告給了政府官員,於是政府立刻派人前來搜查伊莉莎白的城堡。

除了城堡內的證據外,還有許多人作證。有人說死在伊莉莎白手上的少女多達50人以上;城堡內的僕人卻說,從城堡裡搬出去的屍體在100具至200具之間;甚至有人說伊莉莎白殺死了650個人。最終,官方證實伊莉莎白殺死了80個人。伊莉莎白到底殺死了多少人,或許她自己也不清楚,不過可以確定的是,她是歷史上殺人最多的女性連環殺手。

最終,伊莉莎白和她的4個僕人共犯被控告虐待和殺害少女罪,匈牙利皇家最高法庭審理了此案,不過到庭的人只有伊莉莎白的僕人們,伊莉莎白因身分尊貴和權勢並未出庭。當時的匈牙利國王曾命人將伊莉莎白送到宮內接受審判,但出於種種原因伊莉莎白一直沒有去。

雖然他們5個人都被判處了死刑,但伊莉莎白卻因為伯爵夫人的尊貴身分而被囚禁在自己的城堡內。伊莉莎白的3個僕人在被處以極刑後死亡,另一個僕人卻下落不明。伊莉莎白在被囚禁於城堡後,城堡的所有出路就都被封死了,只

在鮮血中沐浴的伯爵夫人—巴托里·伊莉莎白

留下一個小窗口遞送食物,每天都有人專程送飯給伊莉莎白。

1614 年 8 月 21 日,負責送飯的人發現伊莉莎白多日都沒動食物,原來伊莉莎白早已去世了。隨後,伊莉莎白的屍體被運出城堡。她的遺體原本應該被送到恰赫季斯的墓園裡進行安葬,但由於居民的強烈反對,她的遺體只能被轉移到匈牙利野席德家族墓地下葬。

【文化對反社會行為的影響】

　　反社會人格這個稱呼雖然才出現不久，但反社會人格者卻自古就有，而且存在於各種類型的社會。也就是說，反社會人格在人群中占一定的比例。美國的反社會人格者尤其多，而且一直處於成長的趨勢，文化是可能的因素。

　　美國社會十分強調以個人主義為核心的價值觀。在一個崇尚個人主義的文化下長大的人，他萬事都會從個人的利益去考慮，只會強調自己的需求，甚至會為了個人利益去做一些傷害他人的事情，而在價值觀的影響下，他不會因此產生愧疚感。如果一個反社會人格者在這種文化下長大，那麼他的反社會行為非但不會壓抑，反而會得以助長，因為個人主義文化似乎在告訴他，他為了個人利益所做的事情是一種正確的行為。

　　伊莉莎白是個典型的反社會人格者，她能從女僕的痛苦中獲得快樂，因此會樂此不疲地對女僕進行折磨，甚至還想出了各式各樣的折磨方法。伊莉莎白出生於一個貴族家庭，而當時的匈牙利貴族卻熱衷於折磨僕人，這種風氣的影響無疑助長了伊莉莎白的反社會行為，讓她從毆打女僕漸漸發展成殘忍的折磨。如果伊莉莎白從一開始毆打女僕時就被父母

等人制止，或者貴族以毆打僕人為恥，那麼伊莉莎白的反社會行為就會得到遏制。

　　對於反社會人格者來說，由於情感缺陷，他不會產生與他人交往的心理需求，但這並不表示反社會人格者不想融入一個屬於自己的社交圈子。一個人，不論是正常人還是反社會人格者，只要想融入一個社交圈子，就必須得在行為上和社交圈子中的人保持一致，不然就會被排斥。在伊莉莎白所生活的環境中，貴族圈子從不重視僕人的生命，還將處罰僕人當成一種樂子，伊莉莎白的行為非但沒有得到遏制，反而得以助長，她也不會認為自己虐殺女僕是錯誤的。也就是說，伊莉莎白從情感和認知上，都不認為自己不應該虐待女僕。

以殺人為追求的女人——
簡·托帕

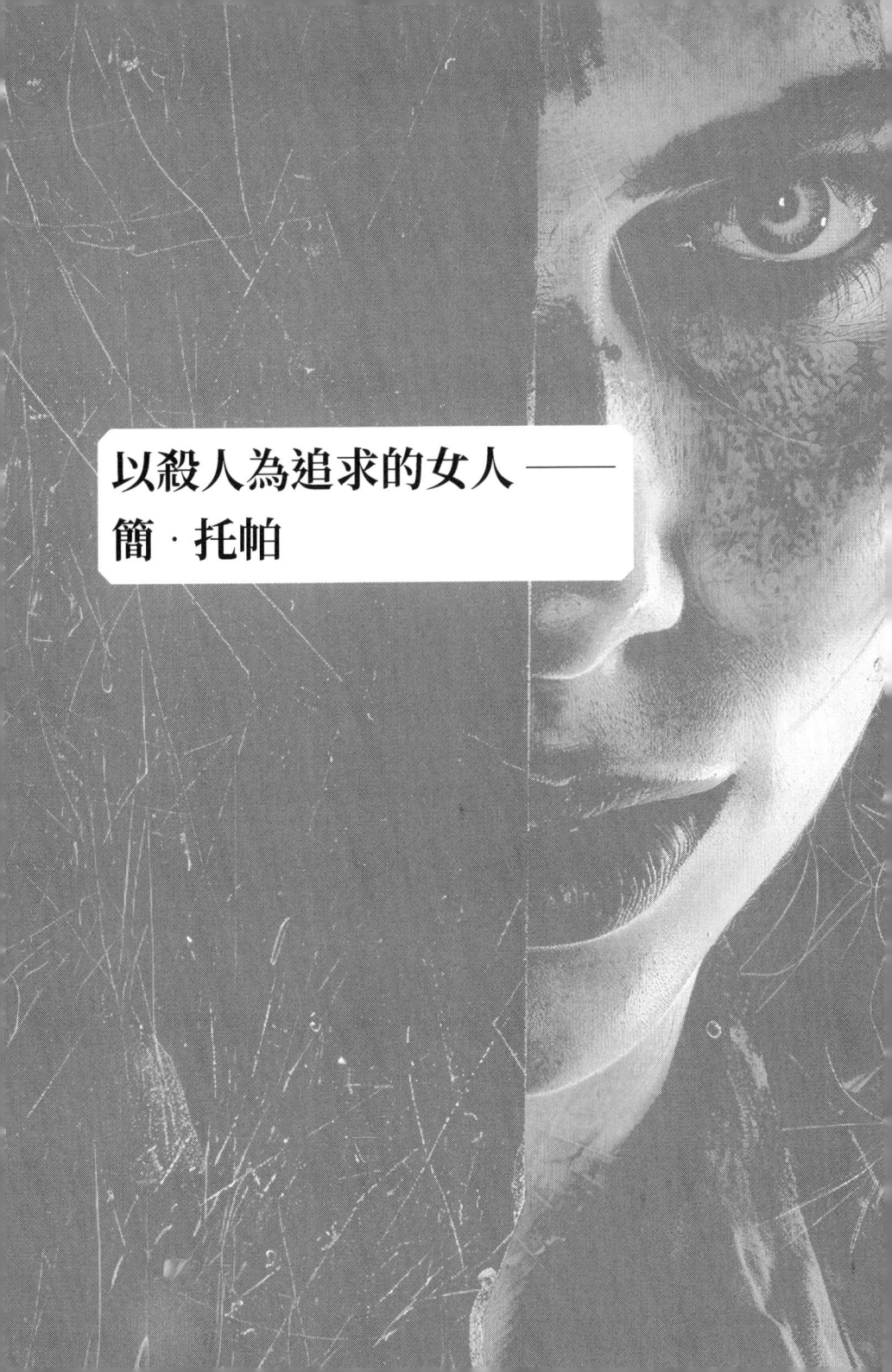

以殺人為追求的女人─簡·托帕

　　1901年，麻薩諸塞州洛厄爾市的戴維斯一家4口在一個月內全部離奇死亡。戴維斯家的親戚都覺得很奇怪，於是就報了警。法醫在對戴維斯一家的屍體進行檢查的時候，在戴維斯的女兒米妮（Minnie Gibbs）的體內發現了毒藥殘留。於是，一個名叫簡·托帕（Jane Toppan）的女人被當成重要嫌疑人抓了起來。

　　鄧納姆夫婦曾將房子租給托帕，後來托帕沒按期交房租，房東伊斯雷爾·鄧納姆（Israel Dunham）和太太上門討要房租，結果雙雙被托帕毒殺。

　　後來托帕以照料者的身分住進了戴維斯家，專門照料年邁的男主人奧爾登（Alden Davis）。在托帕搬進戴維斯家後不久，奧爾登的妻子瑪蒂（Mattie Davis）和女兒吉納維芙（Genevieve Gordon）便先後死亡，後來就連奧爾登和米妮也死了。

　　托帕被捕後交代了31起謀殺案，她表示自己並不是一個瘋子，只是喜歡殺人，而且強調自己在殺人的時候十分清

醒。她雖然很清楚地知道自己在做什麼,卻無法理解自己為什麼要殺人,她對自己喜愛殺人的行為也感到非常困惑。據說,托帕雖然交代了31起謀殺案,但實際上死在她手上的人超過了100個。托帕曾表示自己的人生追求就是殺更多的人。

1902年6月23日,托帕在巴恩斯特布林縣法院接受了審判,最終因精神病被判無罪,但她需要終身住在精神病院,因為當局認為托帕一定有病,不然不會殺死那麼多人。1938年,84歲的托帕在精神病院去世。

1854年8月17日,托帕出生在一個愛爾蘭移民家庭裡,她的父親名叫彼得‧凱利(Peter Kelley),母親名叫布麗吉特(Bridget Kelley),父母替她取名為霍諾拉‧凱利(Honora Kelley)。霍諾拉有兩個姐姐,大姐名叫內莉(Nellie),二姐名叫迪莉婭(Delia)。

霍諾拉還沒來得及享受母愛的溫暖,她的母親就因肺結核去世了。彼得是個酒鬼,在妻子去世後不久他就開始打算將孩子們送走。1863年,彼得帶著孩子們來到了波士頓女子庇護所,將迪莉婭和霍諾拉送了進去,只留下了大女兒內莉。這是一家孤兒院,專門接受貧困的女童。從那以後,霍諾拉再也沒見過父親。

據傳言,彼得不久之後就變得瘋瘋癲癲起來,甚至還用針線將自己的雙眼縫了起來。內莉也因為精神失常被送進了精神病院,迪莉婭則淪落風塵,成了一名站街女。而霍諾拉

以殺人為追求的女人—簡·托帕

在孤兒院待了兩年後,被一戶人家收養,名義上是收養,實際上是養父母的女僕。這戶人家的女主人名叫安·托帕(Ann C. Toppan),霍諾拉也因此改名為簡·托帕。

11年後,托帕進入麻薩諸塞州的劍橋醫學院就讀,並成為一名護士。在周圍人看來,托帕是個開朗健談的少女,她甚至還是派對上的明星,人們都喜歡叫她「快樂簡」;實際上,托帕是個很喜歡撒謊的人,她總是對人們說,自己的父親遠在中國,姐姐嫁給了一個英國貴族,甚至沙皇還邀請她去宮廷做護士。此外托帕還有順手牽羊的毛病,她喜歡偷病人和其他護士的東西,她十分享受偷竊所帶來的刺激感。

後來,托帕開始利用自己所掌握的毒理知識殺人,她經常擅自幫病人注射嗎啡或阿托品,並且會隨意更改藥品劑量,從而觀察病人在毒性的作用下會發生什麼反應。漸漸地,托帕掌握了一套讓病人反覆處於瀕死狀態的注射劑量,並且能從病人在死亡邊緣掙扎的痛苦中獲得快感。

托帕很喜歡先給病人注射大量的嗎啡,然後用一種十分迷戀的眼神看著病人如何在毒性的作用下收緊瞳孔、呼吸變得急促起來,當病人快要昏迷過去的時候,托帕會將準備好的阿托品注射到病人體內。阿托品的主要作用是阻止迷走神經的功能,會使病人的瞳孔放大、心跳加速。於是病人在兩種毒性注射劑的作用下變得痛苦不堪,會出現強烈的顫抖、痙攣,這恰恰是托帕最喜歡看到的反應。最後病人會在毒性

注射劑的折磨下死去。

此外，托帕還很喜歡在病人顫抖、痙攣之際和病人躺在一起，她會用充滿性慾意味的手法撫摸病人，甚至會對病人進行性侵害。

托帕雖然暗中殺死了許多病人，但她是個十分擅長欺瞞和操縱他人的人，周圍的人，包括醫院管理者在內，都覺得她是一個很優秀的護士，甚至還將她推薦到了麻薩諸塞州綜合醫院工作。

在麻薩諸塞州綜合醫院，托帕依舊暗中毒殺病人。由於一下子死了這麼多病人，院方開始懷疑起托帕了，不過院方並沒往殺人的方向懷疑，只覺得托帕工作不認真，於是就將她開除了。後來，托帕回到了劍橋醫院，不過她很快再次因亂用藥物被開除。在當時，人們都沒覺得托帕在處心積慮地殺死病人，只將病人的死歸結於托帕的粗心大意。

對於像托帕這樣十分迷戀殺人的連環殺手來說，護士這個職業是最方便她繼續殺人的，於是托帕成了私人護士，專門照顧有錢的老人，一邊享受殺人的快感，一邊侵吞著被害人的財產。

1899年，養父母的女兒伊莉莎白（Elizabeth Brigham）也被托帕殺死。1901年，托帕殺死了伊莉莎白的嫂嫂艾德娜（Edna Bannister）。

以殺人為追求的女人—簡·托帕

除了被托帕殺死的病人外,還有一些病人成功在托帕所注射的毒劑下活了下來,例如阿米莉亞·菲尼。在托帕被捕後,阿米莉亞從報紙上得知了托帕所犯下的罪行,她立刻想起了14年前的一段恐怖經歷。

1887年,阿米莉亞36歲,因子宮頸糜爛入院接受治療。當時阿米莉亞覺得托帕是一個十分親切的護士,根本想不到托帕想要殺死自己。托帕遞給阿米莉亞一杯飲品,並說喝下可以緩解疼痛,阿米莉亞並未懷疑,就喝了下去。不一會兒,阿米莉亞開始覺得不對勁,她非常想睡覺,而且覺得四肢發麻。實際上,阿米莉亞喝下的是一杯嗎啡。

迷迷糊糊中,阿米莉亞開始懷疑托帕。這時,阿米莉亞感覺到托帕好像上床和自己躺在了一起,她感覺托帕在撫摸、親吻自己。一會兒後,阿米莉亞感覺托帕又餵給自己一杯飲品。這是一杯阿托品,可以中和嗎啡的藥效。就在這時,阿米莉亞感覺托帕突然起身,並迅速離開了病房,原來有人進來了。之後,阿米莉亞就得救了。事後,阿米莉亞選擇將此事隱瞞下來,她有時候甚至覺得那只是一場噩夢。直到托帕被捕後,阿米莉亞才恍然大悟,自己那天差點死在托帕這個看起來十分親切的護士手中。

【病態的刺激】

　　與許多女性連環殺手不同，托帕殺人只是為了享受殺戮帶給自己的快感，並非為了錢財。在被捕之後，托帕表示自己會經常回想起殺人的行為，她也會去想被害人親屬的處境，但她卻無法體驗到殺人是怎樣嚴重的行為，她也感受不到難過和悲傷，她只是很喜歡看到病人在嗎啡和阿托品的影響下痛苦不已的樣子，每當這時她就會獲得一種快意的滿足。

　　與正常人不同，托帕沒有任何自然的情感，於是她終其一生都在追求病態的刺激，而每當她看到病人在毒劑的作用下垂死掙扎的時候，就會體驗到興奮感。這是典型的心理病態者所具有的特點。

　　當一個正常人去欺騙、偷竊或殺人的時候，他大腦中的杏仁核就會發揮作用，他會因此產生恐懼、悲傷、愧疚的感覺，從而控制自己的行為，避免自己做出不道德、違法犯罪的事情來。但對於心理病態者來說，他大腦中的杏仁核長期處於怠工狀態，也就是說，像托帕這樣的人是沒有恐懼、悲傷和愧疚的感覺的，因此心理病態者無法理解和體驗被害人的情感。對於托帕來說，站在被害人及其家屬的角度來看待

自己所犯下的罪行是一件極其困難的事情，甚至可以說是一件無法做到的事情。

當然托帕也並非毫無情感經驗，每當她偷竊、殺人的時候，她就會感覺到快樂。這顯然是一種非常病態的刺激追求，不過對於托帕來說這是她很少會體驗到的情感，於是她將這種病態的刺激作為自己人生中唯一的快樂追求。

托帕除了是個心理病態者外，還有一個悲慘的童年，而這也促使她成了一個變態連環殺手。托帕出生在一個十分貧困的家庭裡，父親是一個不負責任的酒鬼，母親早逝。後來托帕被送進了孤兒院，並很快找到了寄養家庭。安‧托帕雖然是她的養母，卻將她當作女僕使喚。長大後，托帕雖然變成了一個人見人愛的少女，但她有著深度的人格障礙症，例如撒謊、偷竊等。這是她變態人格的初步表現，直到她發現殺人能給她帶來無可替代的快感。

連續夭亡的嬰兒──
瑪麗貝斯・泰寧

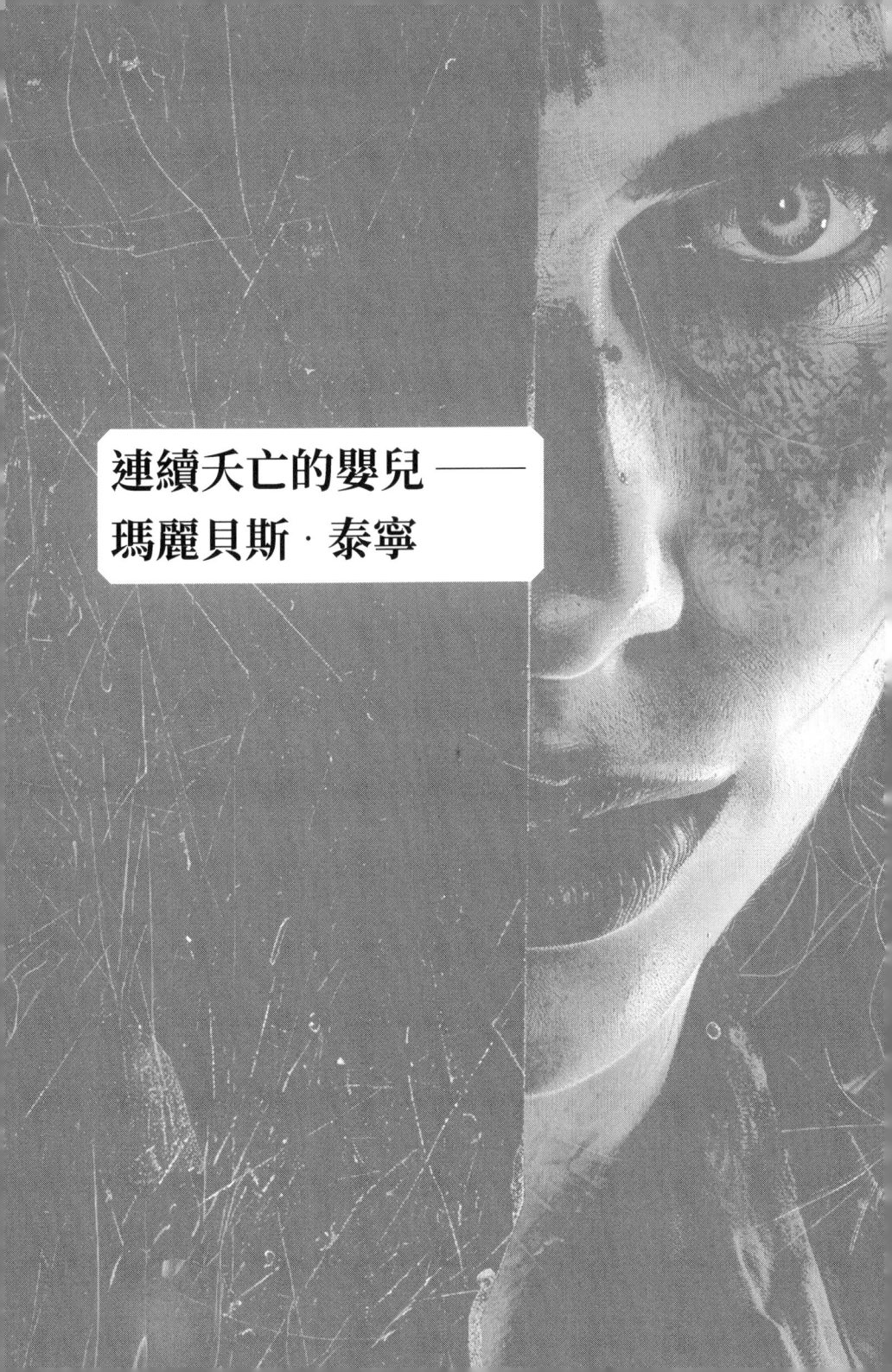

連續夭亡的嬰兒—瑪麗貝斯・泰寧

1986年2月4日,兩名警察鮑勃・英菲爾德和約瑟夫・V・卡拉斯出現在瑪麗貝斯・泰寧(Marybeth Tinning)的家門口,並將瑪麗貝斯帶到警察局接受詢問。不久之前,警方接到醫院的報案,一名3個月大的女嬰死得很蹊蹺,這名女嬰就是瑪麗貝斯的小女兒塔米・琳恩(Tami Lynne)。

塔米出生於1985年8月22日,此時瑪麗貝斯已經43歲了,此前她已經接連失去了7個孩子和一個養子。人們一邊很同情瑪麗貝斯的遭遇,一邊懷疑她,畢竟每次孩子死的時候,只有瑪麗貝斯一個人在場。

12月9日的深夜,辛西婭・華特接到了鄰居瑪麗貝斯的求救電話。等辛西婭趕到的時候,塔米已經沒了脈搏和呼吸、皮膚泛紫。最後辛西婭與瑪麗貝斯一起將塔米送到急診室搶救,但塔米還是死了。

在塔米死的那天,辛西婭曾與瑪麗貝斯一起外出購物,晚上還抱了抱塔米,但瑪麗貝斯只讓辛西婭抱了一下子就要回了塔米。辛西婭很同情瑪麗貝斯的遭遇,覺得自己應該去安慰一下泰寧夫婦,於是在塔米死亡的第二天,辛西婭來到了泰寧家。讓辛西婭覺得奇怪的是,瑪麗貝斯似乎並不悲傷,顯得很平靜。在塔米的葬禮舉行完後,瑪麗貝斯就完全恢復了正常,她開始邀請朋友來家中做客,從不談和塔米有關的事情,而且面帶微笑,看起來心情不錯。

瑪麗貝斯在審訊中交代，是她用枕頭悶死了塔米，當時她覺得塔米的哭鬧很煩人。此外瑪麗貝斯還承認自己殺死了另外的兩個孩子提摩西（Timothy）和內森（Nathan），同時還對丈夫約瑟夫·泰寧（Joseph Tinning）下過慢性毒藥。這讓警方開始懷疑其他幾個孩子的死亡並非意外。

　　1942年9月11日，瑪麗貝斯出生於紐約的一個小鎮上，她的父親在奇異公司工作。瑪麗貝斯在青春期出現過幾次自殺傾向，除此之外她與普通的少女並沒有什麼不同。高中畢業後，瑪麗貝斯就開始找工作，最後在醫院裡找到了一份護士助手的工作。21歲時，瑪麗貝斯經人介紹與約瑟夫·泰寧相識。兩年後，瑪麗貝斯與約瑟夫結婚。婚後，瑪麗貝斯生下了一對兒女：芭芭拉（Barbara）和小約瑟夫（Joseph Jr.）。

　　1971年，瑪麗貝斯懷上了第三個孩子。在瑪麗貝斯臨產之前，家裡發生了一件大事，她的父親因心臟病去世，這給瑪麗貝斯帶來了不小的打擊。兩個月後，瑪麗貝斯生下了她的第三個孩子：珍妮佛（Jennifer）。

　　珍妮佛的身體從出生起就很虛弱，她一直在醫院裡待著，在出生後的第9天，珍妮佛被診斷出腦膜炎，最後因嚴重感染死在了醫院裡。珍妮佛的死在當時並未引起任何懷疑，外人一致認定是病夭。

　　1972年1月20日，距離珍妮佛夭折剛剛過去16天，瑪

連續夭亡的嬰兒—瑪麗貝斯‧泰寧

麗貝斯的兒子小約瑟夫也被送到了醫院，經過醫生的努力搶救，小約瑟夫恢復了正常。在醫院裡休養了 10 天後，小約瑟夫被醫生批准出院。但在出院的當天，小約瑟夫再次被送到醫院，這一次小約瑟夫死了，醫生認為小約瑟夫死於病毒感染和癲癇發作。不過小約瑟夫的死因到底是什麼，沒有人知道，因為當時並沒有進行屍檢。

3 月 1 日，瑪麗貝斯的大女兒，5 歲的芭芭拉也被緊急送到醫院，瑪麗貝斯說芭芭拉之前發生了抽搐。醫生為了進一步了解芭芭拉的情況，建議瑪麗貝斯將女兒留在醫院觀察一晚。瑪麗貝斯並沒有接受醫生的建議，她堅持要帶女兒回家。幾個小時後，瑪麗貝斯再次將芭芭拉送到醫院，這一次芭芭拉死在了醫院。芭芭拉的死引起了警方的注意，但由於死因難以查清，警方在和醫院進行了一番協商後，就放棄了調查。

1973 年的感恩節，瑪麗貝斯的第四個孩子出生了，這一次她生下了一個小男孩，取名為提摩西。提摩西在出生 3 週後死亡，在送到醫院的時候，提摩西已經沒了呼吸。瑪麗貝斯對醫生說，等她發現提摩西不對勁的時候，提摩西已經奄奄一息了。醫生在檢查提摩西的屍體時並沒有發現什麼問題，就將提摩西的死亡原因歸結於嬰兒猝死症。

1975 年 3 月，瑪麗貝斯又生下了一個男孩，這是她的第五個孩子，她替孩子取名為內森。9 月 2 日，瑪麗貝斯帶著

已經沒有呼吸的內森出現在醫院裡,她對醫生說,當時她正開著車,內森就坐在副駕駛座上,等她去抱內森的時候,內森已經斷氣了。這一次,醫生同樣將內森的死因歸結於嬰兒猝死症。

在之後的 3 年內,瑪麗貝斯都沒生孩子。或許是考慮到瑪麗貝斯已經 36 歲了,不再適合生育,泰寧夫婦決定收養一個孩子。就在泰寧夫婦辦理收養手續的時候,瑪麗貝斯發現自己懷孕了。但泰寧夫婦並未取消領養計畫,1978 年 8 月分,他們從領養機構領養了一個名叫麥可(Michael)的男嬰。10 月 29 日,瑪麗貝斯生下了一個女兒,這是她的第六個孩子,取名為瑪麗‧弗朗西絲(Mary Frances)。

1979 年 1 月,瑪麗貝斯帶著瑪麗出現在急診室,她說自己的女兒癲癇發作了,有生命危險。在醫生的努力下,瑪麗漸漸恢復了正常。2 月 20 日,瑪麗貝斯再次帶著瑪麗出現在醫院裡,此時的瑪麗已經死亡了。瑪麗貝斯解釋說,她也不知道瑪麗到底怎麼了,等她發現的時候瑪麗就已經死了。這次瑪麗同樣被認為死於嬰兒猝死症。

瑪麗死後不久,瑪麗貝斯又懷孕了,她在 1979 年 11 月 19 日生下了一個男孩,取名為喬納森(Jonathan)。1980 年 3 月,瑪麗貝斯帶著失去意識的喬納森出現在醫院裡。在醫生的努力下,喬納森恢復了意識。當醫生得知瑪麗貝斯之前的幾個孩子都因病夭折後,就對喬納森進行了一次全面的身體

連續夭亡的嬰兒—瑪麗貝斯·泰寧

檢查,希望能找出喬納森意外呼吸停止的原因,但醫生什麼也沒有發現。

在瑪麗貝斯將喬納森帶回家後沒幾天,喬納森再次被她送到醫院,此時的喬納森已經停止了呼吸。這一次,醫生同樣沒有檢查出喬納森的死亡原因。

1981年3月2日,距離喬納森死亡還不到一年,瑪麗貝斯抱著已經失去意識的兩歲半的養子麥可出現在醫院裡。瑪麗貝斯對醫生說,麥可昏迷了,任她怎麼叫就是無法清醒。醫生只能將包裹著麥可的毯子開啟,然後對麥可進行檢查,結果醫生吃驚地發現麥可已經死亡了。

麥可的意外死亡讓人們更加懷疑瑪麗貝斯。在此之前,泰寧家接連發生的嬰兒夭亡事件讓醫生們以為是泰寧家族的遺傳基因出現了問題,可能是基因缺陷導致了嬰兒的接連夭亡。但麥可是泰寧夫婦收養的孩子,與泰寧家沒有血緣關係。

後來瑪麗貝斯因塔米的死被警方帶到警察局審問,瑪麗貝斯起初並不承認孩子們的死與她有關,她說珍妮佛死於腦膜炎,其他的孩子則死於嬰兒猝死症或基因缺陷。瑪麗貝斯還回憶了塔米死亡的當天晚上,當時她將塔米放到嬰兒搖籃裡,去看了一會兒電視,在此期間她聽到了塔米的哭鬧,但並未理會。等她想起去看塔米的時候,塔米已經沒有了呼

吸。瑪麗貝斯還表示當時自己很害怕，就叫醒丈夫，打電話叫來了救護車。

警方根本不相信瑪麗貝斯的這番說辭，畢竟瑪麗貝斯之前的孩子都和塔米一樣，在與母親單獨待在一起的時候死了。再加上，屍檢結果顯示塔米死於窒息。最後在警方的一步步逼問下，瑪麗貝斯承認她殺死了塔米。

由於其他孩子的死亡沒有充分的證據，警方只能針對塔米的遇害案對瑪麗貝斯提起訴訟。最終瑪麗貝斯被指控二級謀殺罪，被判處終身監禁，至少20年內不得假釋。

【孟喬森症候群】

作為一個母親，瑪麗貝斯為什麼要將自己的孩子一個個殺死呢？她的犯罪動機到底是什麼呢？瑪麗貝斯自己也解釋不清楚，她在認罪後表示：「我不是一個好母親，我將自己的孩子一個個悶死了。我知道自己殺了人，但我不能告訴你自己這麼做的理由，因為沒有理由。」

雖然瑪麗貝斯無法給出一個理由，但犯罪心理專家卻給出了一個解釋——孟喬森症候群，這是一種非常罕見的心理狀態。所謂孟喬森症候群，就是指一個人認為自己在極端痛苦的情況下能得到人們的關心。瑪麗貝斯在第三個孩子珍妮佛夭折後，得到了朋友和親屬的關心和同情，這滿足了她深層次的心理需求，於是她產生了一種特殊的錯覺。正是這種錯覺讓她一次次殺死自己的孩子，然後在孩子的葬禮上體驗那種備受關注的感受。

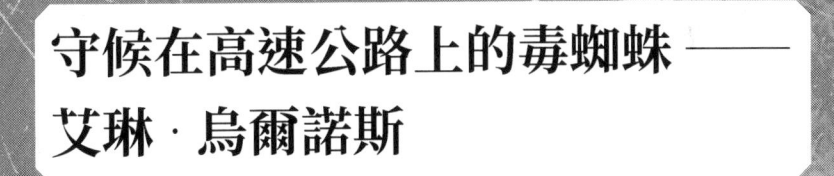

守候在高速公路上的毒蜘蛛——
艾琳·烏爾諾斯

守候在高速公路上的毒蜘蛛—艾琳·烏爾諾斯

1989 年 11 月，淨水用品商店的老闆、51 歲的理察·馬婁里（Richard Charles Mallory）失蹤了。起初商店的店員並沒有因老闆的失蹤而起疑心，理察是個酒鬼，很喜歡外出喝酒，經常發生醉酒未歸的情況。

幾天後，理察依舊沒有出現，有人倒是告訴店員在一處沙灘上發現了理察的汽車。後來店員去察看了汽車，裡面空無一人，店員感覺不對勁，於是報了警。警方在對汽車附近的沙灘進行搜查的時候，只找到了理察的錢包和一些個人物品，還有幾個保險套和半瓶酒。

12 月 13 日，警方在沙灘附近的叢林中找到了理察的屍體。他的胸部有 3 個槍眼，除此之外屍體毫髮無損，甚至連衣服都好好地穿在身上。彈道分析結果顯示，凶器是一把點 22 口徑的手槍。

1990 年 6 月 1 日，有人在沙灘的樹林中發現了一具全身赤裸的男屍。死者是 5 月分失蹤的大衛·斯皮爾斯（David Andrew Spears），身中 6 槍而亡。不久之後，大衛的汽車在 75 號公路上被發現，車門沒有上鎖，車牌也丟了。殺死大衛的也是一把點 22 口徑的手槍。

很快，這條公路上再次發現了一具男屍，死者身中 9 槍而亡，是失蹤的 40 歲的查爾斯·卡斯卡頓（Charles Edmund Carskaddon）。與之前兩名被害人一樣，查爾斯也是被一把點

22 口徑的手槍殺害的。

7月的某天，警方接到一名司機的報案，他告訴警方自己在公路上休息的時候看到了兩名形跡可疑的女子，她們在車頂上喝酒，還將酒瓶扔到了樹林裡，他注意到其中一個金髮女人的手臂上有血跡。後來警方在路邊找到了被兩名女子丟棄的車，這輛車的主人彼得・賽姆斯（Peter Abraham Siems）在6月7日失蹤，此外車內還有幾處血跡。在目擊司機的描述下，警方畫出了兩名女子的畫像，並將她們當成重要嫌疑人進行搜捕。

8月4日，一戶人家在樹林裡野炊時發現了一具腐爛的屍體。屍體的手指上戴著一枚婚戒，一名女子透過這枚婚戒認出了這是自己的丈夫特洛伊・布魯斯（Troy Eugene Burress），布魯斯在7月30日就失蹤了。失蹤的當天早上，布魯斯告訴妻子，他要開車到外地送貨。直到第二天，布魯斯都沒有回來，於是他的妻子就報了警，後來警方找到了布魯斯的卡車，上面的車牌丟了。與之前的被害人一樣，布魯斯中槍而亡，一處槍傷在胸前，另一處在後背。

9月10日，警方接到一位女士的報案，她說自己的丈夫迪克・漢弗萊（Dick Humphreys）失蹤了。失蹤前，迪克還與妻子一起慶祝了結婚35週年的紀念日。兩天後，迪克的屍體被找到了，他的身上共有7處槍傷。

守候在高速公路上的毒蜘蛛─艾琳‧烏爾諾斯

10月分，第七名被害人沃特‧安東尼奧（Walter Jeno Antonio）的屍體被人發現，他身中4槍而亡，他既是個司機，也是一名警察。

佛羅里達州馬里恩縣犯罪調查組的史蒂芬‧別里奇發現，這一系列凶殺案有許多共同點，例如被害人都是被槍殺，而且被害人都是較為年長的男性。史蒂芬猜想，凶手一定是個偽裝成搭車者的人，在上車後，趁著司機不備開槍將其打死。在凶殺案剛發生後不久，警方就對外公開警告司機不要隨意搭載陌生人，但還是有司機被槍殺的案件發生，史蒂芬認為凶手一定不具有威脅性，考慮到之前目擊者所看到的兩名可疑女子，史蒂芬得出一個結論，凶手一定是女人。

截至12月中旬，警方收到了不少目擊者所提供的線索，許多線索都指向了兩個女人。其中一名目擊者說，警方所通緝的兩名女人和之前在她汽車旅館裡工作的兩個女人十分相像，她們一個叫泰莉亞（Tyria Moore），一個叫蘇珊（Susan Lynn Blahovec）。另一個目擊者告訴警方，畫像上的兩個女人曾在他那裡買過一輛車，她們分別是泰莉亞和凱咪（Cammie Marsh Greene），而且他還透露，那兩個女人是一對同性戀情人，其中名叫凱咪的女人明顯處於支配地位，她十分健談，是個專門搭車的妓女。

警方在調查泰莉亞、蘇珊和凱咪這三個名字時發現，泰莉亞沒有犯罪紀錄，只在1983年被指控私闖民宅，之後指控

就被撤銷了;蘇珊則因超速行駛被處罰;凱咪則沒有在警察局留下任何紀錄,看起來蘇珊和凱咪並不是同一個人。

　　後來警方在當地的當鋪裡找到了被害人理察的照相機和雷達探測器,根據當鋪的登記紀錄,前來典當的人是一個名叫凱咪的女人。警方又在當鋪所提供的證據上採集到了凱咪的指紋。當警方將這枚指紋與被害人彼得車上遺留下的血手印的指紋進行比對後,發現兩枚指紋屬於同一個人,這個女人名叫蘿莉·格羅迪(Lori Kristine Grody)。當警方將蘿莉的指紋送到國家犯罪中心的資料庫進行交叉比對時,鎖定了一個名叫艾琳·烏爾諾斯(Aileen Carol Wuornos Pralle)的女人,她有過偷竊的案底,而蘿莉、蘇珊和凱咪等名字都是艾琳為了掩人耳目所使用的假名。

　　1991年1月5日,艾琳在一家酒吧內被警方逮捕。被逮捕後,艾琳一直聲稱自己對這一系列凶殺案一無所知,最關

鍵的是，警方並未找到艾琳的作案工具，根本沒有證據指控她，於是警方開始寄希望於抓捕泰莉亞，希望能從她身上開啟突破口。

1月10日，警方在賓夕法尼亞的皮茨頓找到了泰莉亞。泰莉亞告訴警方，當她看到艾琳開著理察的車時，就起了疑心。當時艾琳說她殺人了，泰莉亞立刻打斷了艾琳，她不想知道那麼多的案情，她擔心自己會忍不住向警方檢舉艾琳。後來艾琳向她保證，永遠都不會傷害她。

泰莉亞很擔心警方會將自己當作殺人犯，也很擔心家人的生活被警方所干擾，於是就答應了警方的要求，主動和艾琳聯絡，勸她主動交代罪行。她們之間的談話都被警方錄了下來。不過艾琳很狡猾，她知道警察在監聽和錄音，所以她總是在不停地向泰莉亞暗示，警方手中毫無證據，讓泰莉亞不要擔心。隨著泰莉亞打電話的次數越來越多，艾琳似乎失去了耐心，她也越來越不注意自己的用詞，說的話也越來越直白，最後她直接讓泰莉亞檢舉自己，還保證自己會承擔下所有的罪行，不會連累泰莉亞進監獄。

1月16日，艾琳開始主動向警方交代罪行，她承認所有的謀殺都是自己一人所為，與泰莉亞沒有任何關係。她告訴警方，第一次殺人完全是自衛行為。艾琳說她是在路邊招攬生意時遇到了理察，兩人談好嫖資後，艾琳就上了車，後來理察將車開到了一片樹林中。當兩人發生了性關係後，理察

卻不肯付錢，還企圖搶走艾琳的錢包，被激怒的艾琳直接掏出手槍朝著理察開了槍。理察被殺死後，艾琳將他的屍體扔在了樹林中，開著他的車離開了。

當艾琳的辯護律師得知她主動交代罪行後，十分生氣。艾琳反而顯得很坦然，她對辯護律師說，自己是罪有應得，既然那些警察想要她的命，她就主動坦白一切。

後來艾琳告訴警方一個地址，那是一間倉庫，裡面有許多可以證明自己罪行的證據，例如被害人的物品。

1992 年 1 月 14 日，艾琳因謀殺理察而接受審判。在法庭上，艾琳堅稱自己是正當防衛，她提出了與之前不同的說法。她說當自己和理察來到樹林後，理察突然用繩子勒住了她的脖子，還說他沒錢，要艾琳乖乖聽話。之後艾琳被理察用繩子綁住，遭受了強姦。後來理察將繩子解開，並讓艾琳躺在地上，艾琳以為理察要殺了自己，於是開始反抗，並從包中拿出手槍朝著理察開了槍。面對艾琳新的說法，警方表示理察從未留過案底，因此艾琳的說法不可信。

1 月 27 日，法官宣布，艾琳·烏爾諾斯一級謀殺罪名成立，判處死刑。這項判決結果直接將艾琳激怒了，她大喊道：「我被他強姦了！我是無辜的！我祝你也被強姦！你這個垃圾！」

3 月 31 日，艾琳因謀殺其他 3 名被害人接受審判。在法

庭上，艾琳爽快地承認這3個人都是被她殺死的，她就是一個十惡不赦的殺人犯，殺人和搶劫就是她的營生。不過她還提到了理察，她堅持說自己遭到了理察的強姦，然後才開槍殺死了他。說完這些後，艾琳朝著控方說：「祝你的老婆和孩子也會被人強姦。」最終，艾琳被判處了3項死刑。

截至1993年，艾琳被判處了6項死刑，不過她涉嫌殺死7個人，由於被害人彼得的屍體一直沒有被找到，警方無法起訴艾琳。

1996年，艾琳向最高法院提起了上訴請求，隨後她的請求被駁回。2001年，艾琳宣布，她不會再上訴，而且要求法院撤掉指給她的律師，她渴望能盡快執行死刑，因為生命對她來說已經沒有了意義。她想要在真相大白之後，能心無愧疚地去見上帝。

艾琳在監獄裡的生活很痛苦，作為一個連環殺手，獄警們對她看管得很嚴格，常常會對她進行裸體搜身，用手銬將她銬緊，還會頻繁檢查她的牢房。據艾琳反映，獄警們還常常往她的飯食上吐口水、用不乾淨的餐具替她盛飯、將飯食和便桶一起送進來。

2002年10月9日，艾琳被處死，她拒絕了監獄所提供的最後一餐的服務，只要了一杯咖啡。

1956年2月29日，艾琳出生在一個支離破碎的家庭裡。

她的父親里奧・皮特曼（Leo Pittman）是個戀童癖，因強姦和試圖謀殺一名 7 歲女孩被捕，後來被診斷患有思覺失調症，在監獄裡上吊自殺了。艾琳的母親黛安（Diane Wuornos）在 15 歲時就嫁給了戴爾，並生下了艾琳和她的哥哥凱斯（Keith）。

在父母離婚後，艾琳和凱斯一起跟著母親生活。4 歲時，黛安離開了艾琳和凱斯，從那以後她就與哥哥一起生活在外祖母家。

表面上看起來，艾琳過著正常的生活，但實際上她一直飽受外祖父的虐待。艾琳說，她的外祖父是個酒鬼，每次喝醉後都會叫她脫光衣服，然後開始毆打她。而且她還和哥哥凱斯發生過性關係，不過凱斯已經因病去世，艾琳的說法並未得到證實。

艾琳從 11 歲起就開始透過出賣肉體獲得香菸、毒品和食物。12 歲時，艾琳知道了自己的身世，從那以後她變得更加墮落。

14 歲時，艾琳因懷孕被迫離開學校，她是在被外祖父的朋友強姦後有了身孕。不久之後，艾琳的外祖母就因肝病去世了。艾琳生下孩子後不久，孩子就被外祖父送走了，外祖父包括其他家人都覺得艾琳未婚就生下一個孩子，是一件很羞恥的事情。

守候在高速公路上的毒蜘蛛—艾琳・烏爾諾斯

就在這時,已經失蹤了很長時間的母親黛安突然出現了,她想讓艾琳和凱斯搬到德克薩斯州和她一起生活。艾琳沒有接受母親的好意,而是獨自到社會上討生活,成了一名站街女,以搭便車的名義尋找嫖客。此時的艾琳年僅 15 歲。為了防止被警察抓住,艾琳常常使用假名,還經常跨州尋找嫖客,沒有固定的住所,經常在樹林裡安家。

18 歲時,艾琳因酒駕在科羅拉多州被巡警抓到。除此之外,**警方還發現艾琳曾用一把點 22 口徑的手槍朝公路上的過往車輛射擊**。

20 歲時,艾琳與 69 歲的路易士・弗爾(Lewis Gratz Fell)結婚,路易士在佛羅里達州一家遊艇俱樂部工作。婚後不久,路易士就發現艾琳身上有許多毛病,比如她經常去混亂的酒吧,還經常襲擊他人。最糟糕的是,艾琳花錢如流水,每當路易士不給她錢時,她就會毆打路易士。在遭受了幾次家暴後,路易士只好向法院申請限制令。這段婚姻維持了 9 週後,隨著艾琳再次因襲擊罪入獄而結束,路易士提出了離婚。

出獄後,艾琳被告知她將要繼承一筆遺產,這是 1 萬美元的保險金,因為她的哥哥凱斯因食道癌去世了。兩個月後,艾琳將這筆錢花光了,她只能繼續到公路上尋找嫖客。

1981 年,艾琳因搶劫罪被捕。兩年後,她刑滿釋放,

但很快再次入獄,這一次的罪名是偽造支票。在之後的幾年內,艾琳在監獄裡進進出出,所犯罪名包括偷竊、拒捕、搶劫、超速、用假名干擾警方辦案等等。

1986年,艾琳在一家同性戀酒吧認識了24歲的泰莉亞·摩爾。兩人很快就發展成了戀人關係,並開始了同居生活。後來,泰莉亞辭去了在旅館做服務員的工作,兩人的生活全靠艾琳一人賣淫所得來支撐。很快,兩人的生活就常常因入不敷出而不得不節衣縮食。與此同時,艾琳經常因襲擊他人而入獄,甚至還私闖民宅,破壞他人的財物。

當艾琳殺死了理察之後,就開始以搭便車的名義在高速公路上攔截車輛,她將司機殺死,然後將司機的個人財物據為己有。死在她槍下的一共有7名男子,她就好像一隻毒蜘蛛,守候在高速公路上等待獵物。

守候在高速公路上的毒蜘蛛—艾琳·烏爾諾斯

【不尋常的女性連環殺手】

艾琳並不是美國歷史上第一個女性連環殺手，但她卻是最特別的女性連環殺手，她的作案方式以及目標人物都與其他女性連環殺手不同。通常情況下，女性連環殺手會選擇丈夫或孩子下手，或者選擇老弱婦孺下手，因為這樣比較容易得手，但艾琳殺死的 7 名男性卻都是陌生人。此外，艾琳的作案方式也很暴力，她直接採用了開槍射殺的方式，其他女性連環殺手通常會選擇下毒，而不是採用直接攻擊的方式。

艾琳的作案方式有一個十分顯著的特點，她的殺人動機與眾不同，既不是為了獲得性高潮，也不單純是為了金錢。被艾琳殺死的 7 名男性中，排除那個沒有找到屍體的彼得，其他 6 名被害人都身中數槍而亡，並未遭受折磨，屍體也沒有被損毀。顯然艾琳的殺人動機與性無關。雖然艾琳會將被害人的財物拿走，但她殺人並非單單為了錢。許多女性連環殺手殺死丈夫或孩子，或者找老弱婦孺下手，都是為了得到錢，並且這些對象很容易得手。

憤怒和報復是艾琳作案的主要動機，她所殺害的男人都比較年長，她一直憎恨著年長的男性，因為她從小被外祖父性虐待，還遭到了外祖父朋友的強姦。

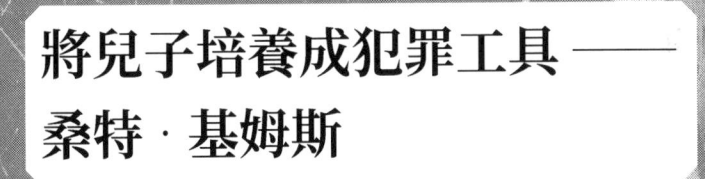

將兒子培養成犯罪工具——
桑特・基姆斯

將兒子培養成犯罪工具—桑特・基姆斯

1998 年 2 月，洛杉磯的大衛・卡茲丁（David Kazdin）失蹤了，他的女兒立刻報了警。3 月，大衛的屍體在洛杉磯機場的垃圾桶裡被人發現。大衛的後腦勺有彈孔，顯然是被人從後面一槍爆頭。根據子彈的線索，警方查到了一個名叫斯坦・帕特森（Stan Patterson）的槍販子，他居住在拉斯維加斯。美國聯邦調查局介入此案後，從斯坦那裡了解到，他曾將槍賣給了一對母子，女的名叫桑特・基姆斯（Sante Kimes），男的名叫肯尼斯・基姆斯（Kenneth Kimes, Jr.）。

大衛的女兒告訴 FBI，桑特和肯尼斯的嫌疑很大，在大衛失蹤前，大衛發現有人冒用自己的簽名將他在洛杉磯的房子做抵押，申請了一筆 20 萬美金的貸款。後來大衛發現冒用他簽名的是老朋友桑特，於是打算找桑特理論，之後就再也沒了消息。

但桑特和肯尼斯此時已經離開了洛杉磯，FBI 只能一邊派人監控斯坦，一邊追查桑特、肯尼斯的下落。1998 年 6 月，桑特母子主動和斯坦取得了聯絡，桑特想讓斯坦幫忙打理一棟豪宅。這棟豪宅位於紐約，在一個名叫艾琳・西爾弗曼（Irene Silverman）的 82 歲富婆的名下。不過桑特聲稱，艾琳已經將她的豪宅賣給了自己，艾琳則去歐洲度假了。此外，桑特還出示了一份房屋買賣的文件，不過這份文件是偽造的。

在斯坦與桑特母子見面的時候，FBI 立刻將桑特和肯尼斯逮捕。桑特表現得很鎮定，她告訴 FBI 自己只是個無辜的

普通女人。但肯尼斯卻很恐懼，甚至還嚇得尿溼了褲子。後來，FBI在搜查桑特租來的汽車時，發現了空槍套、手銬、備用車牌、針筒、對講機等可疑物品。最關鍵的是，FBI在車上發現了一個筆記本，裡面寫著殺死富婆艾琳，並侵吞她財產的計畫。顯然，桑特與肯尼斯不僅涉嫌殺死了大衛，艾琳的失蹤也與他們密切相關。

桑特母子在殺死大衛後，擔心事情敗露，就離開了洛杉磯。來到紐約後不久，桑特母子就盯上艾琳這個獨居的富婆，桑特覺得對付艾琳很容易，最關鍵的是艾琳獨自一人居住，突然失蹤了也不會引人注意。

艾琳曾是紐約無線電城音樂廳的舞者，用積蓄在曼哈頓中心地帶購買了一座六層高的豪宅，裡面有10間公寓套房，對外出租，每個房間的月租金是6,000美金。

6月，肯尼斯在母親的授意下用假名租了一間房，之後桑特母子就住進了這間房，睡在一張床上。美國獨立紀念日過後，桑特找了個理由將艾琳騙到房間，趁艾琳不備用電槍襲擊了艾琳，艾琳當場被電暈。之後肯尼斯用雙手掐死了艾琳。然後，桑特母子就將艾琳的屍體包裹在事先準備好的浴簾中，還用膠帶纏繞了好幾圈，並將屍體塞進了一個袋子裡。最後桑特母子將屍體抬到一輛車上，開車將屍體丟在紐澤西州霍博肯市的一個垃圾桶裡。於是，艾琳就失蹤了，即使在桑特母子被捕後，艾琳的屍體也沒有被找到。

將兒子培養成犯罪工具—桑特·基姆斯

在紐約被捕後，桑特一直聲稱自己是無辜的，是警方和 FBI 在誣陷她。媒體得知該案的消息後，立刻趕往曼哈頓看守所採訪被拘留的桑特和肯尼斯。在電視節目採訪中，桑特偽裝成一個受害者，她表示自己只是一個可憐的寡婦，媒體對他們母子的報導完全不是事實，他們只是一對十分普通的母子，絕對不可能去殺人。

在之後的審訊中，桑特拒絕認罪。不過肯尼斯很快就招供了，在肯尼斯所交代的案件中，除了大衛和艾琳外，還有一個被害人，他是一個銀行家，名叫賽義德（Syed Bilal Ahmed），1994 年溺水而死。

肯尼斯的父親老肯尼斯·基姆斯（Kenneth Keith Kimes Sr.）是個富商，是桑特的第 3 任丈夫。老肯尼斯在世時，基姆斯夫婦從來不缺錢，但在 1994 年 3 月，老肯尼斯突然因主動脈瘤去世。按照老肯尼斯生前的遺囑，他的所有財產由前

妻的兩個孩子繼承，桑特和肯尼斯則沒有繼承權。後來，桑特突然想到肯尼斯在巴哈馬有銀行帳戶，而且金額高達幾百萬美元。為了弄到這筆錢，桑特和肯尼斯偽造了文件。賽義德在稽核桑特的文件時發現了許多問題，於是就上門找桑特了解情況。

在看到賽義德後，桑特立刻起了殺心，她裝作友好熱情的樣子，留賽義德在家裡吃飯。在用餐期間，桑特偷偷往一杯雞尾酒裡放進了安眠藥，然後勸賽義德喝下。之後賽義德就昏睡了過去，桑特和肯尼斯將賽義德摁到了裝滿水的浴缸裡，直到賽義德死去。當時桑特所住飯店靠近海灘，桑特就讓肯尼斯將賽義德的屍體扔到了海裡。後來巴哈馬的警方發現了賽義德的屍體，以為賽義德是溺水而亡，就沒有展開調查。

這次犯罪失敗後，桑特帶著兒子離開巴哈馬，來到了洛杉磯，又重新制定了一個詐騙計畫，利用偽造的文件將老朋友大衛的房子抵押並獲得了 20 萬美元。後來大衛找上了桑特，並讓桑特交出錢，不然就送桑特去坐牢，於是桑特就讓肯尼斯殺死了大衛。肯尼斯在射殺大衛並拋屍後十分高興，覺得完成了母親所交代的任務，還專程到花店買了一個大花籃表示慶祝。

被捕後，桑特和肯尼斯因謀殺艾琳被起訴。在法庭上，桑特一直在扮演可憐寡婦的角色，甚至大喊著自己是無辜

的。最終經過了 3 個月的庭審，陪審團一致認定桑特和肯尼斯犯有謀殺罪，判處 125 年監禁。

2000 年 10 月，肯尼斯在接受採訪的時候，突然挾持了女記者瑪莉亞·佐恩（Maria Zone），他用原子筆抵住瑪莉亞的脖子，提出要求，不要送桑特去洛杉磯受審，因為洛杉磯有死刑，他不想母親被處死。很快，談判人員趕到了現場，在談判人員的勸說下，肯尼斯放走了瑪莉亞。

2002 年，桑特和肯尼斯因謀殺大衛被起訴。與艾琳遇害案不同，警方手中有許多證據，還找到了大衛的屍體。為了讓桑特和肯尼斯主動認罪，控方與他們達成了一項協定，他們主動認罪就可以免於死刑，最終二人被判處終身監禁，並被送往加州的監獄服刑。2014 年，桑特在監獄裡去世。

1934 年 7 月 24 日，桑特出生於奧克拉荷馬市。據桑特所說，她的母親瑪麗（Mary Van Horn）有愛爾蘭和荷蘭血統，父親普拉瑪（Prama Mahendra Singhrs）則是個印度移民，在家中 4 個孩子中，桑特排行第三。在桑特很小的時候，普拉瑪就拋棄了妻子和孩子。瑪麗則淪為站街女。出於職業的原因，瑪麗沒有時間和精力去照顧 4 個孩子，於是就將孩子一個個送走了，有的送給了孤兒院，有的送給了寄養家庭。

桑特從小就長得很漂亮，母親很喜歡她，因此一直不捨得將她送人。12 歲時，桑特被迫離開母親，到內華達州卡森

城的一個寄養家庭生活。這對桑特來說是一個很大的打擊，為此她十分憎恨母親。

在上高中時，桑特染上了偷竊的毛病，被抓到過許多次。後來瑪麗去找桑特，希望女兒能回到自己身邊。桑特十分憎恨母親當初拋棄她，所以憤怒地拒絕了母親。1952年高中畢業後不久，桑特就結婚了，結婚對象是她的高中男友。但這段婚姻只維持了3個月就結束了。很快，桑特開始了第二段婚姻，嫁給了另一個高中同學愛德華·沃克（Edward Walker），並生下了一個兒子——肯特·沃克（Kent Walker）。

婚後不久，愛德華發現妻子桑特是個對金錢有著令人難以理解的欲望的女人，會為了錢去詐騙、偷竊，甚至和愛德華的生意夥伴發展婚外情。有一次，桑特為了詐取保險金，還縱火燒了房子。1957年，愛德華決定不再忍受桑特，就離婚了。

離婚後，桑特就一直想找一個有錢的男人。1961年，桑特從雜誌上看到了關於老肯尼斯的報導。老肯尼斯非常富有，在內華達、加利福尼亞、夏威夷、巴哈馬都有房子，她立刻決定將這個富商勾引到手。

與老肯尼斯結婚後，桑特終於過上了富裕的生活。但桑特似乎並不滿足，開始慫恿老肯尼斯去詐騙，從而得到更多的錢，老肯尼斯沒有反對。有一次，桑特假扮成女演員伊莉

將兒子培養成犯罪工具—桑特·基姆斯

莎白·泰勒（Elizabeth Taylor），還成功進入了白宮，與各種政界名流打交道、合照，包括總統尼克森的妻子帕特（Pat Nixon）。後來，肯尼斯終於因詐騙被起訴，他花了許多錢請律師，才避免入獄。

作為桑特的兒子，肯特雖然也曾幫母親做些壞事，例如去偷竊，但隨著年齡的增長，他漸漸意識到這是在犯罪，而且他很厭惡這種生活，於是在有了經濟能力後，肯特就離開了桑特，搬到朋友家居住，他與母親桑特之間的關係也越來越緊張。當桑特意識到肯特不再願意被自己控制時，十分生氣，她覺得肯特背叛了她，是個不孝子。她認為自己給了肯特母愛以及優越的生活，肯特就應該對她唯命是從。

1966年，桑特生下了第二個兒子肯尼斯。這一次，桑特吸取了肯特的教訓，決定要好好培養肯尼斯，每天都向肯尼斯灌輸金錢是上帝的觀念，並將肯尼斯培養成自己的犯罪工具。

肯特在得知桑特為他生了個弟弟後，一直很擔心肯尼斯。肯特知道母親是個控制欲極強的人，她一定會致力於控制肯尼斯，並讓肯尼斯幫她做壞事。那麼肯尼斯長大後一定會像母親一樣頻繁犯罪，無法成為一個正常人。

在桑特去世後，肯特還寫了一本書，並取名為《騙子之子》（Son of a Grifter）。在書中，肯特透露說，桑特是個說謊

成性的女人，偽造身分是她的專長，甚至連出身也是假的。肯特還提到，他曾試圖幫助弟弟肯尼斯脫離母親的控制，卻以失敗告終，眼睜睜地看著肯尼斯成了一個罪犯。

肯尼斯 7 歲時，桑特就不讓他去上學了，而是替他請了一個家庭教師。桑特這麼做是為了更好地控制肯尼斯，以免肯尼斯成為肯特一樣的「不孝子」。在桑特的控制下，肯尼斯只能與父母接觸，即使是家庭教師也不能和肯尼斯單獨相處。雖然肯尼斯年齡漸長，桑特依舊以對待小男孩的方式來教育肯尼斯，與肯尼斯同吃同睡，甚至一起洗澡。於是肯尼斯從一個活潑可愛的小男孩成長為一個傲慢危險的成年男子。與肯特不同，肯尼斯對母親十分依賴和信任，對桑特唯命是從，因此桑特對這個小兒子十分滿意。

作為一個富商的太太，桑特幾乎不用為錢發愁，於是她開始尋找新的樂子，漸漸喜歡上了虐待、折磨傭人。在僱用傭人時，桑特一般會找非法移民，以高價錢僱用他們，然後她會用各種方式虐待傭人。由於這些傭人是非法移民，沒有合法的身分，擔心會被遣返，所以不敢報警，於是他們通常會默默忍受。後來，桑特還讓老肯尼斯和她一起虐待傭人。

1985 年，桑特虐待傭人的行為終於曝光了，她和老肯尼斯因此被起訴。桑特被判了 4 年，老肯尼斯雖然被判了 5 年，但在律師的幫助下和檢方達成了一個交易，只要他能去參加一個戒酒治療項目，就可以免去牢獄之災。

將兒子培養成犯罪工具—桑特‧基姆斯

在桑特服刑的 4 年內，肯尼斯和父親生活在一起，過上了正常人的生活，沒有出現過犯罪行為。1989 年，桑特出獄了，肯尼斯又重新被母親所掌控。1994 年，老肯尼斯去世之後，桑特意識到自己失去了長期飯票，為了避免淪為窮人，桑特決定尋找有錢人，然後殺死他，將他的財產據為己有。

【無法遵守社會規範】

可能是童年時期沒有體會過關愛以及安全感的缺失，導致桑特成了一個精神病態者，沒有同理心和共情能力。對於一個擁有正常情感能力的母親來說，勢必會努力給孩子營造一個好的成長環境，從而讓孩子有一個快樂、幸福的未來。但桑特卻根本不關心自己兒子的未來，她想要的只是一個犯罪工具，一個只要她需要，就可以幫她行騙、殺人的工具。於是肯尼斯在桑特的完全控制下長大，成了一個像桑特一樣的怪物。

對於桑特來說，她不具備愛的能力，只會掠奪，她是個非常強勢且控制欲極強的人，採取各種方式利用和操縱身邊的人，達到自己的目的，為了她自己，她什麼事情都做得出來，而且不會產生任何負罪感。總之，像桑特這樣的精神病態者是一個根本沒有愛的人，當然她也不需要愛。

愛是一種十分重要的情感能力，如果一個人沒有愛人和接受愛的能力，那麼他就無法與他人建立真實的關係，也無法體驗情感，從而喪失道德感，變得沒有負罪感和良知。甚至可以說，如果一個人沒有愛的能力，那麼他就不會有良知，也就不可能去遵守社會規範。

將兒子培養成犯罪工具—桑特·基姆斯

對於每個正常的人來說，遵守社會規範不僅僅是為了避免被懲罰，也是為了避免遭受良知的譴責。在內疚感的作用下，一個人不會主動去做傷害他人的事情，會考慮他人的感受，因為內疚感是一種自我譴責，是一種非常痛苦的情感經驗。但對於桑特這樣的精神病態者來說，她不會內疚和自責，她無法遵守社會規範，所以她可以冷酷無情地將自己的兒子培養成犯罪工具，可以屢次詐騙、偷竊，甚至為了錢去殺人。

桑特長得很漂亮，就像個電影明星，而且具有一種特殊的魅力，能輕易吸引住所有人的目光。據認識桑特的人反映，只要桑特出現在某個場合中，沒有人不會被她迷住。或許正因為如此，桑特才輕易勾引上了富商老肯尼斯。桑特十分重視打扮，每次她都會戴著黑色假髮、漂亮的珠寶出現在人們面前。但這只是桑特所製造的迷人面具，她只是將自己的美貌和魅力當成了一種俘獲獵物的工具。在老肯尼斯去世後，桑特已經60歲了，沒有了美麗的外貌，不再具備勾引富商的資本，於是就想出了殺死有錢人，占據被害人財產的辦法。

精神病態者雖然沒有愛的能力，卻會偽裝，例如桑特會偽裝成一個賢惠的妻子，也會扮演好慈愛母親的角色。對於一個正常人來說，表達和流露愛意是一件自然而然的事情，例如每個母親都會關心自己的孩子，這是為人母天性的自然

流露。但對於桑特來說,她需要進行觀察、模仿和練習,然後才能表現出如何關愛他人。想要做到這些其實並不困難,只要透過觀察人類行為,就可以表現出賢惠、慈愛的樣子,但想要體會這些行為背後的情感,對於精神病態者來說簡直難如登天。例如在桑特心裡,丈夫就是一張長期飯票,而她則透過性和美貌來利用和控制丈夫,凡是和她上過床的男人,都會拜倒在她的石榴裙下,但桑特卻根本無法真正地去愛自己的丈夫,甚至連愛兒子都無法做到。

精神病態者從來不會在乎他人,當別人疏遠或離開他的時候,他不會難過,更不會想念,只會惋惜自己失去了一個有用的工具。在肯特離開桑特後,桑特就覺得自己失去了一個任憑她差遣的工具,於是她下定決心要好好培養第二個兒子肯尼斯,完全掌控肯尼斯的生活,不讓他和外界產生接觸。

將兒子培養成犯罪工具─桑特·基姆斯

狂砍男友 37 刀的暴力女人 ──
凱薩琳・奈特

狂砍男友 37 刀的暴力女人—凱薩琳·奈特

2000 年 3 月 1 日，約翰·普萊斯（John Price）沒來上班，老闆覺得很奇怪，就派一名員工去約翰家察看情況。其實約翰的鄰居早在 6 點就覺得不對勁了，平常這個時間約翰已經上班走了，但今天約翰的車還停在家裡。

同事先敲了敲門，無人回應後，就與約翰的鄰居一起用力敲打臥室的窗戶，結果還是無人回應。後來他們在前門看到了血跡，覺得約翰一定發生了不幸，就報了警。幾分鐘後，幾輛警車來到了約翰的住所。

兩名警察選擇從後門進入約翰的住所。屋內一片狼藉，到處都是血跡，而廚房的桌子上有一具殘破的屍體，這具屍體就是約翰。

約翰至少被捅了 37 刀，而且刀刀致命，有些刀傷甚至深入到體內器官裡。由於傷口多而深，導致約翰大量失血，最終因失血過多而亡。因此整個房子裡到處都是血跡，有的地方血跡甚至飛濺到一兩公尺高。

兇手到底是誰呢？到底是誰如此憎恨約翰？不僅將其殘忍殺害，還將他的屍體肢解得七零八碎？警方在案發現場發現了一個昏迷的女人，她名叫凱薩琳·奈特（Katherine Knight），全身是血。警方立刻將凱薩琳送到醫院搶救。醫生在對凱薩琳進行了檢查後發現，她是因吞服了大量的避孕藥而昏迷。最終凱薩琳恢復了意識。

在審訊中,凱薩琳十分配合警方的工作,她說自己就是殺死約翰的凶手,並且還詳細描述了殺害約翰的過程。

在2月29日的晚上,凱薩琳趁著約翰熟睡之際用刀刺他,約翰因疼痛而驚醒,並試圖逃走,但凱薩琳根本不給他逃命的機會,一直追著約翰,並用力刺向約翰。最終約翰因傷勢過重被凱薩琳控制並殺害。

凱薩琳與約翰在1995年開始同居。約翰有3個孩子,在與妻子離婚後,他最小的女兒與前妻一起生活,兩個兒子則與他生活在一起。在與凱薩琳同居前,約翰也曾聽說過凱薩琳是個暴力的女人,她的前夫就是因為忍受不了被凱薩琳毆打而離了婚。不過約翰以為這只是傳言而已,畢竟凱薩琳在自己面前就是個賢妻良母,自己的兩個兒子也很喜歡她。而此時的凱薩琳只是在偽裝而已,骨子裡的她是個非常殘暴的人。

在兩人同居以後,凱薩琳發現約翰對自己百依百順,她開始不再偽裝,在約翰面前表現出了自己殘暴的一面。她期望能與約翰結婚,但約翰卻開始猶豫,甚至還拒絕了凱薩琳的結婚要求。

凱薩琳從此懷恨在心,為了報復約翰,她誣陷約翰從公司偷拿了一個急救箱,實際上這是一個過期的急救箱,不是約翰從公司盜竊的。由於凱薩琳的誣陷,約翰被公司解僱

狂砍男友37刀的暴力女人—凱薩琳·奈特

了,他已經在這家公司工作了17年,對公司的待遇十分滿意。後來,約翰將凱薩琳趕了出去。短短一天的時間,社區的住戶都知道了凱薩琳被約翰趕出家門的事情。約翰的朋友們得知後,十分高興,在他們看來,凱薩琳是個很危險的女人,像約翰這樣的老好人不適合與凱薩琳一起生活。

幾個月後,約翰與凱薩琳和好了。約翰的朋友得知後,紛紛對約翰所做的決定表示不理解,並漸漸疏遠了約翰。

2000年2月19日,約翰再次惹惱了凱薩琳。這天是兩人的週年紀念日,凱薩琳希望約翰能利用這個機會向自己求婚,於是主動提出讓約翰定個日子迎娶自己,但約翰拒絕了,約翰表示他覺得他們兩人應該再接觸一段時間。凱薩琳無法接受約翰拒絕了自己,她不允許比自己弱小的男人對自己說「不」,於是凱薩琳的心裡產生了一個念頭,她想殺了約翰。

從那以後,凱薩琳與約翰的關係降到了冰點。一次,凱薩琳用刀刺傷了約翰的胸部,這讓約翰覺得很恐怖,於是又將凱薩琳趕出了自己的住所。

2月29日,約翰在上班途中順道去了法院,他申請了一項禁令,禁止凱薩琳接近自己和他的兩個孩子,他總覺得凱薩琳這個暴力的女人會做出讓人難以想像的事情來。在下午上班的時候,約翰對同事說,如果自己明天沒有按時上班,那他一定被凱薩琳殺死了。同事很擔心約翰,就勸約翰不要回家。約

翰說，他對凱薩琳十分了解，如果他不回家，那麼遭殃的就是自己的兩個兒子。下班回家後，約翰發現凱薩琳在自己家中，他很害怕，就去鄰居家待了一會兒，直到晚上 11 點才回家睡覺。約翰萬萬沒想到，這一睡他就再也沒能醒來。

對於凱薩琳，當地警察十分熟悉。凱薩琳雖然長得很和善，有一頭金髮，並化著精緻的妝容，卻是一個家庭暴力施暴者。她屢次因家暴被請到警察局，而她的前夫大衛不止一次被凱薩琳暴打，甚至跑到警察局向警察求助。

在 1999 年年底，約翰在街上遇到了大衛·凱利特（David Stanley Kellett），兩個同病相憐的男人一起控訴了凱薩琳的暴力行為。約翰對大衛說，他想和凱薩琳分手，卻害怕凱薩琳報復自己。在約翰遇害後，大衛將這段經歷告訴了警方，他表示當時自己能深切感受到約翰的恐懼，那是一種從心底表現出的真正的恐懼。

狂砍男友 37 刀的暴力女人—凱薩琳·奈特

大衛在與凱薩琳相識前,曾是一名酒鬼,他經歷過兩次嚴重的創傷事件。一次是目睹好友在事故中喪生,另一次是目睹 6 個孩子喪生於車禍。這兩起意外事故對大衛造成了嚴重的精神創傷,導致他染上了酗酒的毛病。

1973 年,大衛與凱薩琳相識,兩人很快建立了戀愛關係。凱薩琳是個很強勢的女人,大衛完全被凱薩琳控制著。不過大衛很享受這種感覺,因為當他與別人發生爭執時,只要凱薩琳出面,對方馬上就會服軟,畢竟凱薩琳總是用拳頭說話。

一年後,大衛與凱薩琳結婚了。岳母芭芭拉(Barbara Roughan)給了大衛一個十分中肯的建議,說千萬不要惹惱凱薩琳,不然她會殺了你。但新婚之夜,大衛就惹惱了凱薩琳,暴怒中的凱薩琳狠狠地掐住大衛的脖子並揚言要弄死他。那麼,大衛到底做了什麼讓凱薩琳如此生氣呢?原來是因為大衛只與凱薩琳發生了 3 次性關係就睡覺了。

除了暴怒時,凱薩琳還算一個合格的妻子,會主動承擔家務,總會做好飯等大衛回家。但凱薩琳是個很容易被惹惱的女人,只要大衛出現了一點不符合她期望的言行,例如下班晚回家了十幾分鐘,那麼凱薩琳就會十分憤怒。

有一天晚上,大衛回家的時候已經很晚了,凱薩琳就拿著一口鐵鍋在門口等大衛回來。大衛一進家門,凱薩琳就用

鐵鍋狠狠地砸向他的頭部。大衛當場就昏了過去,直到兩天後才在醫院醒來,他的顱骨因此受到了十分嚴重的傷害。

就在警方準備對凱薩琳提出指控的時候,大衛突然主動撤銷了指控,因為大衛受到了威脅,凱薩琳將自己屠宰場的刀具掛在了床頭。

有一次,大衛早起的時候沒有為凱薩琳準備早餐,這讓凱薩琳十分惱火,她隨手抄起一個平底鍋開始毆打大衛。大衛為了逃命,一路逃到了警察局,在警察的制止下,瘋狂的凱薩琳才放下了平底鍋。

1976年5月,凱薩琳為大衛生下了一個女兒梅麗莎(Melissa Ann)。大衛趁此機會與一名女子私奔到昆士蘭州,想要擺脫掉凱薩琳這個女魔頭。在得知大衛私奔後,凱薩琳的憤怒達到了巔峰,暴怒的凱薩琳將梅麗莎放在嬰兒車裡,在路上甩來甩去。後來,凱薩琳被送進了醫院,醫生認為她患上了產後憂鬱症,讓凱薩琳在醫院裡接受治療。

幾個星期後,凱薩琳出院了。不久,凱薩琳就做出了一件十分瘋狂的事情,她將只有兩個月大的梅麗莎扔在鐵軌上,然後拿著一把斧頭衝到街上,揚言要殺人,她聲嘶力竭地喊道:「我要殺人!我要殺很多人!」幸運的是,一名男子及時發現了鐵軌上的嬰兒,將梅麗莎救了下來。之後,凱薩琳就被警方逮捕並押送到醫院。但第二天,凱薩琳就恢復了自由。

狂砍男友 37 刀的暴力女人—凱薩琳·奈特

幾天後,凱薩琳拿著一把刀出現在街上,她隨意攔下了一名女子,並刺傷了對方,威脅該女子開車將她帶到昆士蘭,她要去找大衛。在服務站時,該女子伺機擺脫了凱薩琳的控制。警察接到女子的報案後,立刻趕到服務站。看到警察後,凱薩琳抓住了一個小男孩當自己的人質。

最終凱薩琳被警方控制,並被送到了精神病院。醫院的護士在取得了凱薩琳的信任後,得知了凱薩琳的所有計畫。按照原定計畫,凱薩琳想要殺死服務站的機械師,要不是機械師,大衛的汽車也不會被修好,這樣大衛就沒有機會開車和情人私奔了。凱薩琳準備去昆士蘭找到大衛和他的母親,然後將他們都殺死。

警方找到了大衛,並將凱薩琳的瘋狂行為告訴了大衛。大衛聽後,不僅沒想遠離凱薩琳,反而覺得凱薩琳是個情深義重的女子,他突然想和凱薩琳重歸於好,於是大衛主動與情人分手,回到了凱薩琳所在的小鎮,等待凱薩琳刑滿釋放。

1976 年 8 月,凱薩琳恢復了自由,她和大衛以及他的母親搬到了布里斯本居住。4 年後,凱薩琳又為大衛生下了一個女兒娜塔莎(Natasha Maree)。

有一次,凱薩琳的母親芭芭拉來家中做客,結果大衛因一句話惹惱了岳母,芭芭拉直接越過車窗掐住了大衛的脖

子,這一幕被凱薩琳看到了。凱薩琳的第一反應是衝了出來,來到母親面前給了她一拳,芭芭拉當場暈了過去。大衛的母親看到這一幕後,十分擔心大衛的安全,就勸大衛趁著毫髮無損之際趕緊離開凱薩琳這一家子惡魔。

1984年,凱薩琳離開大衛,搬到小鎮和父母一起居住,後來一直在外租房子居住。兩年後,凱薩琳和一個38歲的男人談起了戀愛,他名叫桑德斯(David Saunders)。幾個月後,凱薩琳開始和桑德斯同居。

每當兩人發生爭吵時,桑德斯就會搬出去居住,而凱薩琳總會軟語相求,讓桑德斯搬回來。儘管如此,凱薩琳還是沒有改掉暴力的毛病。桑德斯總會挨打,自從他與凱薩琳同居後,就經常鼻青臉腫地去上班。漸漸地,桑德斯的朋友和同事都習慣了,甚至還會開玩笑下賭注桑德斯下一次被暴打的時間。除了日常掛彩外,桑德斯甚至還被凱薩琳打斷了肋骨。

凱薩琳是個喜怒無常的女人,上一秒她還溫情脈脈,下一秒她就會變得暴怒不已,甚至會揚言要殺死桑德斯。在1987年5月的某一天,凱薩琳毫無徵兆地大發雷霆,她威脅桑德斯說,如果桑德斯敢背著她找別的女人,她就會用鐵鍋打碎他的腦袋。為了達到威懾的效果,凱薩琳還當著桑德斯的面抓住他的寵物狗,用刀割斷了小狗的脖子。

狂砍男友37刀的暴力女人—凱薩琳・奈特

1988年，凱薩琳為桑德斯生下了一個女兒莎拉（Sarah）。桑德斯因此出首付購買了一套房子，而貸款則由凱薩琳來還。凱薩琳的品味與普通女人不同，她在裝飾房子的時候，只會用動物的皮毛、頭骨、腳骨，或者用捕捉動物的工具、大砍刀之類的物品。

有一次，桑德斯和凱薩琳發生了爭執。爭吵中，凱薩琳突然拿起一把剪刀刺向了桑德斯的肚子，並用熨斗狠狠地砸向桑德斯的頭部。桑德斯受了很嚴重的傷，他立刻從家裡搬了出去。幾天後，桑德斯回了家，結果他看到凱薩琳用剪刀將自己所有的衣服都剪碎了，為此桑德斯只好離開，他向公司請了長假，準備躲一段時間。

期間，凱薩琳一直在打聽桑德斯的下落，在尋找無果後，就去警察局申請了保護令，這是一項專門針對家庭暴力的規定，凡是家暴受害者都可以申請。保護令的目的是保護受害者，因此施暴者的行為會受到限制。在這起家庭暴力中，凱薩琳是施暴者，但在警察那裡她卻開始扮演受害者。幾個月後，桑德斯回來了，他想看看女兒，沒想到卻得知凱薩琳申請了保護令。

凱薩琳是當地有名的母夜叉，她不僅會對自己的男人使用暴力，她的女兒們也總會被凱薩琳毆打。有一次，凱薩琳怒氣沖沖地來到了一個酒吧，她是來找女兒梅麗莎的。當看到梅麗莎後，凱薩琳直接抓住梅麗莎的頭髮，然後將梅麗莎

的頭不停地往桌子上撞。後來梅麗莎跌倒在地，凱薩琳揪住梅麗莎的頭髮就將她拖出了酒吧。酒吧的人們眼睜睜地看著梅麗莎被毆打，沒有一個人敢上前阻止，畢竟誰也惹不起凱薩琳。

從此以後，桑德斯就與凱薩琳徹底斷了聯絡，之後很長一段時間凱薩琳都沒有感情生活，一直到1993年與約翰建立了情人關係。

在開庭審理約翰被殺案的時候，法官巴里對60名陪審團候選人說，由於證據十分令人恐懼，如果有人擔心自己承受不了，可以選擇退出。於是5名候選人選擇了退出。在開庭審理過程中，又有幾名陪審團成員申請退出。其實不只陪審團，法官和經驗豐富的警察也無法承受如此恐怖的畫面，尤其是第一時間到達案發現場的警察。有些警察在此案結束後，一直長期看心理醫生，有些警察則申請了長假，來調節心理狀態。

在凱薩琳認罪後，法官為其安排了兩名精神病學家，對凱薩琳進行精神病評估，評估結果顯示凱薩琳患有邊緣型人格障礙（borderline personality disorder, BPD）。

在量刑聽證會上，凱薩琳的律師提出了一個要求，即不要讓凱薩琳聽取案發過程的細節，但律師的這個要求被巴里法官拒絕了。在聽取案發過程的時候，警方描繪了約翰被剝皮和斬首的細節。當時凱薩琳突然變得歇斯底里起來，在法

狂砍男友 37 刀的暴力女人—凱薩琳·奈特

庭上大喊大叫。最終凱薩琳被判處終身監禁，永遠不得申請假釋。此外巴里法官命令將凱薩琳所犯案件的卷宗、犯罪現場的錄影永遠塵封起來，不得公開。畢竟其中的內容十分恐怖，只要一個心理正常的人看到，都會對其心理造成永遠的創傷。

凱薩琳是澳洲歷史上第一個被判終身監禁並終生不允許保釋的女性犯人，她在殺人數量上雖然比不上一些連環殺手，但她的作案手段卻十分殘暴，會引起所有正常人的不適。

在新州的婦女懲教中心，凱薩琳經常扮演和事佬的角色。沒有獄友敢惹凱薩琳，因此一旦有獄友發生爭執，只要凱薩琳一出面，事情就解決了。此外在獄中，凱薩琳還培養了一些愛好，例如畫畫和針織。雖然凱薩琳的表現很正常，根本不像一個女魔頭，但獄警卻從不敢懈怠，不會讓凱薩琳接觸到刀子，也不會讓凱薩琳和其他犯人單獨待在一起，獄警一直擔心凱薩琳會在監獄裡鬧出人命。從來沒人來看望凱薩琳，她的親人和女兒們已經和她斷了聯絡，連通電話也不打。

凱薩琳出生於 1955 年 10 月 24 日，她的父母私生活十分混亂。凱薩琳的母親芭芭拉的情夫是凱薩琳父親的好友兼同事。凱薩琳的父親肯·奈特（Ken Knight）則是個暴力的酒鬼，在喝醉酒後會虐待和強姦芭芭拉。為此芭芭拉十分憎恨

丈夫，甚至會對凱薩琳灌輸男人可恨和性生活可惡的觀念。此外，芭芭拉還總是和孩子們分享性生活的細節。

　　凱薩琳從小就是在父母的毆打下長大的，奈特夫婦只要想打孩子，就會隨手抄起一樣東西朝孩子身上打去，有時是電線或狗繩，有時是門板上懸掛著的木板，這塊木板是奈特夫婦專門為教訓孩子而準備的。

　　像奈特夫婦這樣的人，是沒有資格為人父母的。對於負責任的父母來說，為孩子提供良好的家庭環境是必須的。但父母不用經過考試，也不用取得任何資格證，只要到了生育年齡就可以成為父母。尤其是在澳洲，當時政府為了鼓勵生育，凡是生下一個孩子，就會被獎勵一筆現金，還有各種奶粉錢。不少社會底層人員，例如酒鬼、賭徒等，為了得到這筆獎金而生孩子，卻對孩子不管不顧，甚至有的人還會虐待孩子。

　　除了惡劣的家庭成長環境外，凱薩琳在小時候還經常遭受哥哥的性侵，直到 11 歲時，凱薩琳才不再受到性侵害，因為她已經學會了用暴力保護自己。這是凱薩琳在法庭上提到的經歷，後來得到了家人的證實。

　　凱薩琳所生活的小鎮上，只有 1,800 人，凡是有人做出不道德的事情，就會在鎮上快速傳播開來。芭芭拉因找了情夫而受到了鎮上居民們的唾棄，後來芭芭拉不得不和情夫搬到另一個小鎮上暫避風頭。

狂砍男友 37 刀的暴力女人—凱薩琳・奈特

　　凱薩琳有一個雙胞胎姐妹，兩人的關係很親密。除了雙胞胎姐妹外，凱薩琳還很喜歡阿姨，這個阿姨對凱薩琳非常關心。但不幸的是，阿姨在 1969 年自殺身亡了。

　　在學校裡，凱薩琳就是一個暴力狂。從小學開始，凱薩琳就表現出了暴力傾向，她經常毆打低年級的學生。到了高中，凱薩琳的暴力傾向更加嚴重。在同學們眼中，凱薩琳就是個性格孤僻、獨來獨往、驕橫無禮、欺負弱小的人。

　　有一次，凱薩琳用一根棒子將一名男同學打傷，男同學還因此被送到醫院接受治療。不過，凱薩琳在對一名老師出手的時候被打傷了。

　　除了這些劣跡外，凱薩琳還算是一名良好的學生，她成績非常好，經常因全 A 的成績獲得獎學金。高中畢業後，凱薩琳沒有讀大學，而是在一家服裝工廠找到了一份工作，專門負責切割布料。

　　一年後，凱薩琳離開了服裝工廠，她在一家屠宰場找到了一份自己喜愛的職業——剔骨工。凱薩琳十分喜歡切肉，甚至達到了痴迷的地步。在屠宰場裡，許多工人在屠殺動物時都會覺得很難過，因此為了讓被屠殺的動物免受折磨，工人們會迅速地了結動物的生命。但凱薩琳卻對被屠殺的動物毫無同情心，她會將動物的動脈用刀割開，然後欣賞動物慢慢流血而死。後來，凱薩琳擁有了一套剔骨刀具，她十分珍

愛這套刀具，就連睡覺的時候也會掛在床頭。在屠宰廠裡，凱薩琳不僅得到了一份自己喜愛的職業，還收穫了一份愛情，她與同事大衛相愛了。對於大衛和與他同樣不幸的男人來說，這卻是災難的開始。

狂砍男友 37 刀的暴力女人—凱薩琳·奈特

【邊緣型人格障礙】

邊緣型人格障礙者常常有十分強烈的占有欲和破壞欲，並且難以控制自己的衝動情緒和行為，尤其是憤怒的情緒。當邊緣型人格障礙者處於憤怒之中時，他的行為會變得極具攻擊性。

邊緣型人格障礙者的童年往往是不幸的，在童年時期曾經遭受過創傷。例如童年時期遭受過性侵害，沒有得到很好的處理；父母離異，被親人拋棄、親人死亡；遭受父母的精神或身體虐待等。

因此邊緣型人格障礙者極度缺乏安全感，難以建立穩定的自我認同。他們期望能從人際關係中獲得對自己的認同感，尤其是親密關係。但由於沒有安全感，邊緣型人格障礙者往往很難信任他人，經常患得患失，害怕自己會被拋棄。這讓周圍的人與其相處時會感到十分痛苦。

對於邊緣型人格障礙者來說，愛情會讓他們變得神經質起來，他們會將自己的反覆無常表現得淋漓盡致，如果他們感覺愛人背叛了自己，那麼就會出現十分瘋狂的舉動。例如凱薩琳在大衛與人私奔後，會將女兒扔到鐵軌上，還到處揚言要殺人。一旦邊緣型人格障礙者意識到愛人在刻意和自己

保持距離，他們就會主動放下驕傲和尊嚴，哀求愛人回到自己的身邊。例如每當桑德斯挨打搬出去後，凱薩琳都會主動認錯並讓桑德斯回家。

邊緣型人格障礙者對自己的情緒缺乏最基本的控制力，具體表現就是情緒的極度不穩定，上一秒還很正常，下一秒就變得歇斯底里起來。例如凱薩琳就是如此，凡是和她同居過的男人，都會覺得她是個喜怒無常的女人，明明剛才還溫情脈脈，可能接下來立刻會惡狠狠地威脅，甚至會開始毆打對方。

通常情況下，邊緣型人格障礙者會被自己不穩定的情緒折磨得非常痛苦。但一旦他們變得憤怒起來，就會給周圍的人帶來傷害，因為憤怒的情緒常常伴隨著攻擊性的行為。例如凱薩琳就總是毆打自己的丈夫或男友。

此外，邊緣型人格障礙還伴隨著瘋狂的自我毀滅行為，例如自殘或自殺。當他們覺得自己被愛人拋棄的時候，就會出現自我毀滅的行為，目的是引起愛人的重視。凱薩琳在大衛拋棄自己時，就做出了許多瘋狂的舉動。大衛也因此被凱薩琳所感動，拋棄了情人，回到了凱薩琳的身邊。

雖然邊緣型人格障礙者通常會有一個不幸的童年，但童年時期的創傷經歷並不是導致邊緣型人格障礙的決定性因素。例如凱薩琳，凱薩琳的雙胞胎姐妹以及她的哥哥們也同樣有一個不幸的童年，遭受了父母的毆打和虐待，但他們卻

擺脫了童年創傷的影響。兒童的心理雖然脆弱，但恢復能力也很強。不過並不是所有的兒童都擁有強大的心理恢復能力，有些兒童終其一生都困在不幸的童年中，在成年後會出現精神或心理問題，甚至發展成為邊緣型人格障礙。

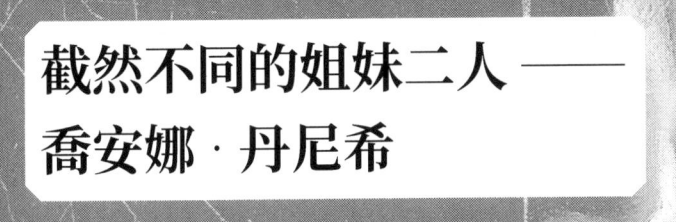

截然不同的姐妹二人 ——
喬安娜·丹尼希

截然不同的姐妹二人—喬安娜·丹尼希

2013 年 3 月 29 日，英國劍橋郡的彼得波羅警方接到一名女士的報案，她名叫克里斯蒂娜，她的丈夫凱文·李（Kevin Lee）失蹤了。一天後，有人在陰溝裡發現了一具男性的屍體，後經證實死者正是失蹤的凱文。

凱文的身上有許多刀傷，主要集中在胸部和脖子上，顯然是被人刺死的。不過奇怪的是，凱文身上除了穿著一條黑色的連衣裙外，什麼也沒有穿。警方起初懷疑凱文是同性戀，在與自己的同性戀情人發生爭執後被刺死。但事實上，凱文並不是同性戀。警方開始懷疑，凶手並不一定是男性。

克里斯蒂娜告訴警方，凱文有一家房屋租賃公司，專門向經濟收入不好的人出租房屋。而在 3 月 20 日，凱文告訴克里斯蒂娜，他和其中一個名叫喬安娜·丹尼希（Joanna Dennehy）的房客發生過性關係，他很後悔，希望克里斯蒂娜能原諒自己，並表示一定會將喬安娜趕走。警方調查發現，在凱文失蹤的當天晚上，接到了喬安娜的簡訊，喬安娜讓凱文到她的住處去一趟。之後再也沒人見過凱文。

凱文的搭檔科里德告訴警方，當喬安娜來到公司表示想租房的時候，他就覺得喬安娜給人一種很不舒服的感覺，他不想將房子租給喬安娜。但凱文不同意他的決定，不僅租給喬安娜一間房子，還僱用她做室內裝潢師。於是喬安娜成了重要嫌疑人。

在彼得波羅警方追捕喬安娜的過程中，赫瑞福的警方接到了兩起襲擊案，有兩名男子64歲的羅賓·貝雷扎和56歲的約翰·羅傑斯，在遛狗的時候被一個瘋狂的女人給刺傷了。後來羅賓和約翰指證，刺傷他們的正是喬安娜。

在逃亡途中，喬安娜經常在網路上po出一些十分恐怖的照片，例如拿著大的鋸齒形的凶器，高興地朝著鏡頭吐舌頭，或者掀開衣服，露出自己刀疤交錯的腹部，那些刀疤都是她自殘時留下的疤痕。

被捕後，喬安娜承認自己殺死了凱文，並表示她的原定計畫是殺死9個人。其實在殺害凱文之前，喬安娜還殺害了盧卡斯·斯拉博夫斯基（Lukasz Slaboszewski）和約翰·查普曼（John Chapman）。

盧卡斯是一個31歲的男子，來自波蘭，於2005年來到英國定居，並在一家快遞公司找到了一份工作。後來，盧卡斯認識了喬安娜，兩人很快發展成情侶關係。盧卡斯對喬安娜很滿意，總會和朋友提起他這個英國女朋友。

一天，喬安娜邀請盧卡斯來到自己的住處。盧卡斯沒多想就去了，而喬安娜趁其不備朝著盧卡斯捅了許多刀，直到盧卡斯死亡。後來喬安娜將盧卡斯的屍體丟在了一個帶著輪子的垃圾桶裡。

至於為什麼要殺死盧卡斯，喬安娜的解釋是，想透過試

截然不同的姐妹二人—喬安娜·丹尼希

著殺人來看看自己是否像想像中的那麼冷血。在殺死盧卡斯後，喬安娜得出一個結論，她的確是個冷血的人，而且還很喜歡殺人所帶來的感覺，於是她開始了第二次殺戮。

第二名被害人名叫約翰·查普曼，56歲，曾在英國海軍服役，退役後在劍橋郡的彼得波羅生活。他在當地租了一間房子，而喬安娜是合租者。雖然兩人生活在同一屋簷下，但約翰從未對喬安娜有過非分之想。

約翰是一名退伍老兵，喬安娜不可能是約翰的對手，喬安娜也意識到自己根本不可能打過約翰，於是她就趁著約翰爛醉如泥的時候將刀直接插入他的心臟。此時的喬安娜已經對殺人上癮了，而凱文恰好在此時提出讓喬安娜盡快搬走，喬安娜十分憤怒，就將凱文約來，把他捅死了。為了表達對凱文的憤怒，殺死凱文後，喬安娜扒光了凱文的所有衣服，還給他穿上了一件黑色連衣裙。

殺死三個男人後，喬安娜已經完全沉浸在殺人帶給自己的快感中，她想殺更多的人，於是就拿著刀子出門了，途中襲擊了兩名正在遛狗的男子。幸運的是，這兩個男子並沒有死，還作為重要證人指認了喬安娜。

在英國倫敦老貝利街的中央刑事法庭上接受審判時，喬安娜對所犯罪行供認不諱，並表示殺人是一件很容易的事情，就像週末去烤肉一樣容易。最終喬安娜被判處終身監

禁，成為英國僅有的三名被判處終身監禁的女性之一，其中米拉・韓德麗已過世，另一位女性則為羅斯瑪麗・韋斯特。韋斯特被關押在西倫敦的布朗茲菲爾德女子監獄中，這是歐洲最大的女子監獄。

前面章節介紹過，羅斯瑪麗是英國著名的女性連環殺手，在1967年至1987年間與丈夫弗雷德一起殺害了許多年輕女子，包括親生女兒在內，她和丈夫將所有被害人的屍體都埋葬在住所的花園下。羅斯瑪麗從小飽受父親的虐待和折磨，在與弗雷德結婚後，她就成了加害者，會親眼看著丈夫性侵繼女和自己的女兒。

當喬安娜在拘留所裡得知自己被判處終身監禁後，不僅不悲傷，還又笑又跳，她對警察開玩笑說，自己在監獄裡會變得比現在更糟糕，會變胖、變黑、變醜。

按照監獄的規定，每隔一段時間囚室都要被搜查一番。在一次搜查工作中，獄警發現了喬安娜的日記，裡面所寫的內容非常恐怖。喬安娜將自己想要越獄的計畫全部寫在了日記中，她從一進監獄，就開始想著越獄，她的越獄計畫是先殺死獄警，然後切下獄警的手指，透過刷指紋越獄。於是，喬安娜被送往西倫敦的布朗茲菲爾德女子監獄服刑，在那裡她將會被單獨囚禁。

當一些人得知喬安娜將會被轉移到布朗茲菲爾德女子監

獄單獨關押時，紛紛表示這樣做太不人道了。但法院和檢方表示，像喬安娜這樣的只想著殺人和越獄的罪犯，只有被關在高度戒備的監獄裡才安全。

2014年，在來到布朗茲菲爾德女子監獄後沒多久，喬安娜就揚言要殺掉羅斯瑪麗，因為她才是英國最邪惡的女性連環殺手。自從喬安娜被捕以來，她一直廣受媒體關注，在她看來如果自己殺死了羅斯瑪麗這個女魔頭，她的名氣會更大。

此時的羅斯瑪麗已經64歲了，年老體衰的她只想好好度過餘生，當她得知有個名叫喬安娜的連環殺手想要殺死自己時，十分擔心自己的安全。監獄方也很害怕出事，於是立刻替羅斯瑪麗轉了監獄。

在高度戒備的監獄裡，喬安娜無法越獄，也無法殺人，這讓她覺得生無可戀，於是就出現了自殺行為。不過獄警及時發現，喬安娜並未死亡。

2018年10月13日，35歲的喬安娜又鬧出了新聞，她已經和律師取得聯絡，想要和一名女囚結婚，希望能和監獄裡的女朋友經常保持親密接觸。喬安娜為了表明自己的決心，還特地剃光了所有的頭髮。

喬安娜的女朋友因毒品引發的暴力犯罪被判處了10年監禁。在此之前，喬安娜和女朋友還策劃了一起雙重自殺案，她和女朋友相約一起自殺，喬安娜割開了自己的喉嚨，

而女朋友割了自己的手腕。但獄警及時發現,並將兩人送去搶救,於是她們被關押在隔離病房,以防止再次出現自殺行為。不過獄警們開始考慮將喬安娜送到精神病隔離區去。

根據《歐洲人權公約》,囚犯有權利結婚,喬安娜的結婚申請應該得到批准。但英國在1983年頒布的《婚姻法》中有這樣一項規定:囚犯想要結婚,就必須首先向監獄長申請許可。監獄長在批准囚犯的結婚申請時,必須得考慮婚禮當天可能存在的安全風險、婚姻是否是騙局、囚犯是否可能對他的伴侶造成傷害。

當初喬安娜接受審判時,法官史賓賽這樣形容她:「妳是一個殘忍、精於算計、善於操縱的連環女殺手。」那麼,到底是什麼原因促使喬安娜成了一個連環女殺手呢?按照喬安娜自己的說法,她從小長期受到父親的精神虐待,在一個缺少關愛的家庭中長大,所以才變成了如今這個樣子。

但喬安娜的這番說辭遭到了妹妹瑪莉亞(Maria)的反對。瑪莉亞表示,她們姐妹倆在一個十分健全的家庭中長大,父母對她們的管教雖然過於嚴格,但從未打罵或體罰過她們。而且瑪莉亞還表示,她們的父母很負責,她們姐妹二人從小所得到的待遇和機會都是相同的。也就是說,一起長大的兩個女孩,性格截然不同,一個成了殘暴的連環殺手,而另一個從部隊退役後成了一名工程師。

截然不同的姐妹二人—喬安娜·丹尼希

喬安娜的父親是個私人保鏢，母親是個店長。喬安娜和瑪莉亞相差4歲，從小在安靜、純樸的聖奧爾本斯小鎮長大。據瑪莉亞回憶，她們從小什麼也不缺，每逢週末全家都會聚在一起過家庭日。

在瑪莉亞看來，喬安娜小時是個十分正常的女孩子，沒有表現出任何暴力傾向，和所有小女孩一樣喜歡玩扮公主和家家酒的遊戲。而且她們姐妹二人的關係也很好，下圖是喬安娜和妹妹瑪莉亞小時候的合影，喬安娜摟著瑪莉亞，笑得十分燦爛。如果真的要說喬安娜與其他人有什麼不同的話，那就是喬安娜有點叛逆，很討厭遵守規章制度，但這也只能說明喬安娜是個很有個性的女孩。

瑪莉亞將喬安娜成為連環殺手的原因歸結為兩點。一個原因是嗑藥，喬安娜從青少年時期就開始吸毒，有非常嚴重

的毒癮。有研究表示，如果青少年時期長期服食大麻等精神類藥物，那麼就很容易變得具有暴力傾向，或是患上精神病。另一個原因是約翰・特雷納（John Treanor）。

喬安娜在 14 歲時與 19 歲的特雷納發展成了男女朋友關係。在瑪莉亞的記憶裡，自從喬安娜認識了特雷納後，就再也不是那個單純的喬安娜了，她完全變了一個人。喬安娜先是和鄰居同伴們全部絕交，然後和瑪莉亞絕交，她覺得妹妹是她的負擔。

喬安娜的生活方式也開始發生變化，她開始逃學，並且公開與父母對抗。當父母反對喬安娜與特雷納繼續交往時，喬安娜離開了家，在家後院的灌木叢裡搭了個帳篷，她與特雷納就居住在帳篷裡。她還威脅父母，如果將特雷納趕走，那麼她就會與特雷納一起消失。

特雷納還挑撥喬安娜與父母的關係，讓喬安娜相信自己從未得到過父母的關心，她是失敗家庭教育的受害者。喬安娜不僅相信了特雷納的說法，而且絲毫不覺得有什麼不對勁。之後，喬安娜就徹底離開了父母和妹妹。

瑪莉亞中學畢業後參了軍，在 21 歲時前往在阿富汗的駐地，成了一名無線電報員。後來，瑪莉亞回國的申請得到批准，她成了一名工程師。在此期間，瑪莉亞一直在打聽喬安娜的下落，她想知道喬安娜過得怎麼樣，還希望喬安娜能回

截然不同的姐妹二人—喬安娜・丹尼希

家,這樣他們一家人就能再次團聚。但此時的喬安娜過得非常糟糕,她每天都被毒癮折磨著。

2009 年,瑪莉亞意外得知了喬安娜的下落,於是立刻去看她。當看到喬安娜的樣子後,瑪莉亞十分吃驚,幾乎沒有認出她來。在瑪莉亞的印象中,喬安娜是個純真甜美的女孩,但眼前的女人卻滿身傷痕,臉上有個刺青,頭髮髒兮兮的,好像許多天都沒洗過。喬安娜住所的情況十分糟糕,就像一個垃圾場一樣,瑪莉亞根本不想在這樣的地方坐下來。喬安娜對瑪莉亞說,她現在過得很糟糕,她渴望自己的生活能有所改變,畢竟她有兩個女兒。

瑪莉亞很同情喬安娜的遭遇,於是在當天晚上撥打了喬安娜房東的電話。接電話的是房東太太,她說喬安娜已經搬走了。這讓瑪莉亞很受傷,她一直想盡自己所能幫助喬安娜,但喬安娜卻一直在欺騙她。於是瑪莉亞撥打了喬安娜的手機號碼,她指責喬安娜欺騙了自己。喬安娜不僅沒道歉,還破口大罵,最終瑪莉亞忍無可忍結束通話了電話,再也沒主動和喬安娜聯絡過。

在喬安娜被捕後,她的罪行立刻在英國引起了**轟**動。只是在喬安娜服刑期間,來看望她的都是媒體,她的家人從來沒有去看過她。瑪莉亞表示,他們很早之前就和喬安娜斷絕了關係,父母和她都沒有再提起過喬安娜,只是在喬安娜生日的時候,母親會懷念一家人聚在一起的美好時光。在瑪莉

亞和她的父母看來,他們只認識那個純真的喬安娜,而現在的喬安娜是個殺人凶手、惡魔。

瑪莉亞和她的父母認為,喬安娜之所以不再純真善良,就是因為特雷納這個壞男人的影響,他們在一起生活了14年,還有兩個女兒。瑪莉亞表示,喬安娜和特雷納一起生活了那麼長時間,一定受到了特雷納的影響,雖然不能說喬安娜變成一個惡魔完全是特雷納害的,但特雷納對她的影響絕對是喬安娜變得邪惡的導火線,是特雷納和嗑藥觸發了喬安娜內心深處黑暗的一面。如果喬安娜從來沒有遇到過特雷納,也從未接觸過毒品,那麼喬安娜的黑暗面就永遠不會出現。

2009年,特雷納與喬安娜離婚,因為他再也無法忍受喬安娜常年酗酒、吸毒和出軌。從那以後,特雷納就和兩個女兒遠離了喬安娜,開始了一段新的生活。後來,特雷納再婚了,他的妻子與兩個女兒相處得很愉快。而喬安娜也從未探望過女兒,因為她自己沉浸在酒精和毒品的世界裡難以自拔。特雷納也不希望喬安娜來打擾他們的生活,他想和喬安娜斷絕一切來往。

當喬安娜的罪行被報導之後,喬安娜的大女兒才14歲,她在閱讀報紙的時候看到了親生母親的資訊,對此她十分震驚。從那以後,他們一家人平靜的生活就徹底被打亂了。

當特雷納得知喬安娜的家人指責自己帶壞了喬安娜時,

截然不同的姐妹二人—喬安娜·丹尼希

並未發表任何言論。他在接受採訪時對記者表示，記者們可以發表任何觀點的文章，他都不會在意，他也無意和喬安娜的家人發生爭執，他現在只關心孩子們的安全。當特雷納得知喬安娜被判處終身監禁後表示，她會極快適應監獄的生活，並且樂在其中，因為她本來就像生活在地獄裡。他覺得即使將喬安娜關押一輩子，也無法彌補那些無辜遇害的人，喬安娜就應該被判處死刑。

【被毒品放大的內在特質】

從喬安娜妹妹瑪莉亞的反映中可知，喬安娜在遇到特雷納和吸食毒品前，完全就是一個正常的女孩。她和她的父母都將喬安娜成為一名連環殺手的原因歸結在吸食毒品上，並且認為特雷納也負有一定的責任。

在特雷納看來，他雖然與喬安娜一起生活了許多年，而且兩人有兩個女兒，但他與喬安娜並不是一路人，他根本無法忍受與喬安娜繼續生活在一起，所以才選擇離開喬安娜。從特雷納後來的生活中可以看出，問題出在喬安娜身上，他和兩個女兒在離開喬安娜後生活得平靜而幸福。

喬安娜十分冷酷和邪惡，她之所以殺害3名男子並上街捅傷兩名遛狗男子，只是為了滿足自己找樂子的需求。而且喬安娜在被捕之後，沒有表現出一絲悔意，還叫囂著要繼續殺人。在服刑期間，喬安娜從未提及自己的家人，包括兩個女兒在內，由此可以看出她是個十分冷血的女人。

犯罪心理學家克里斯托弗‧貝麗－迪見過喬安娜和羅斯瑪麗‧韋斯特這兩個女性連環殺手。在她看來，羅斯瑪麗雖然已經非常邪惡，但邪惡程度完全無法與喬安娜相比，喬安娜是個完全邪惡的人，只要看見她，似乎都能聞到邪惡的味道。

截然不同的姐妹二人—喬安娜‧丹尼希

1963年，麻醉藥物濫用諮詢委員會提出，毒品能使一個正常人走向犯罪。這一觀點得到了許多專家的認同，也被許多罪犯及其家屬所接受。在瑪莉亞的記憶裡，喬安娜就是從14歲起接觸毒品後才變得撒謊成性、濫交，每天都生活在犯罪的邊緣，直到後來成了一個連環殺手。在瑪莉亞看來，喬安娜的重要問題就是酗酒和吸毒，如果沒有這兩者，那麼喬安娜完全就是一個再正常不過的女人。但現實卻是，也有許多人像喬安娜一樣，有酗酒和吸毒的不良嗜好，但他們卻沒有變成連環殺手，也從未有過殺人取樂的念頭。

喬安娜的犯罪行為並不是由酒精和毒品導致的，酒精和毒品只是讓喬安娜的內在特質變得更加明顯而已，也就是放大了喬安娜內心冷血、殘忍的一面。

一個人在酒精、毒品等食用麻醉品的影響下，的確會產生不同的精神狀態，但至於會產生什麼樣的精神狀態，則並不完全由服用的麻醉品所決定，最終的精神狀態是由服用者的心態、實際環境和社會環境互動作用決定的。例如我們常常聽說的酒品如人品，有些人喝醉了會耍酒瘋，到處鬧事，會出現暴力傾向，去強姦、搶劫，甚至是殺人。但有些人喝醉了只會倒頭大睡。他們所服用的物質都是酒精，卻出現了不同的行為。他們的行為完全是由自己喝酒前所具有的內在特質決定的。

或許喬安娜小的時候就已經表現出了行為異常，只是她

的父母和妹妹並未重視，或者只是從他們的角度加以理解和解釋。喬安娜和瑪莉亞成長於同一個家庭，她的成長環境十分健康。也就是說，喬安娜所處的環境並不容易接觸到毒品，但她還是染上了毒癮，並且一直無法戒掉，從而導致特雷納和兩個女兒也離開了她。有些人認為吸毒者反覆吸毒是為了逃避糟糕的現實生活。但這種解釋並不適用於喬安娜，因為喬安娜的生活環境和瑪莉亞一樣。

喬安娜吸毒只是為了透過毒品來獲得刺激感和興奮感，這是許多連環殺手的通病。喬安娜和許多連環殺手一樣，十分討厭平庸、無聊的生活，儘管這種生活在瑪莉亞看來很幸福。於是喬安娜就開始頻繁透過毒品來獲得刺激。

喬安娜在提到為什麼殺人的時候說過，她覺得自己是個冷血的人，所以想試試自己到底有多冷血，於是就殺了個人試試，結果她發現自己愛上了殺人所帶來的刺激。或許在喬安娜的心裡，殺人遠比吸毒更讓人覺得興奮和刺激。喬安娜與瑪莉亞最大的不同就是，她無法像瑪莉亞一樣從普通人的正常生活中感受到樂趣，在旁人看來幸福的事情，她根本無動於衷，所以她才會覺得自己冷血。

截然不同的姐妹二人—喬安娜·丹尼希

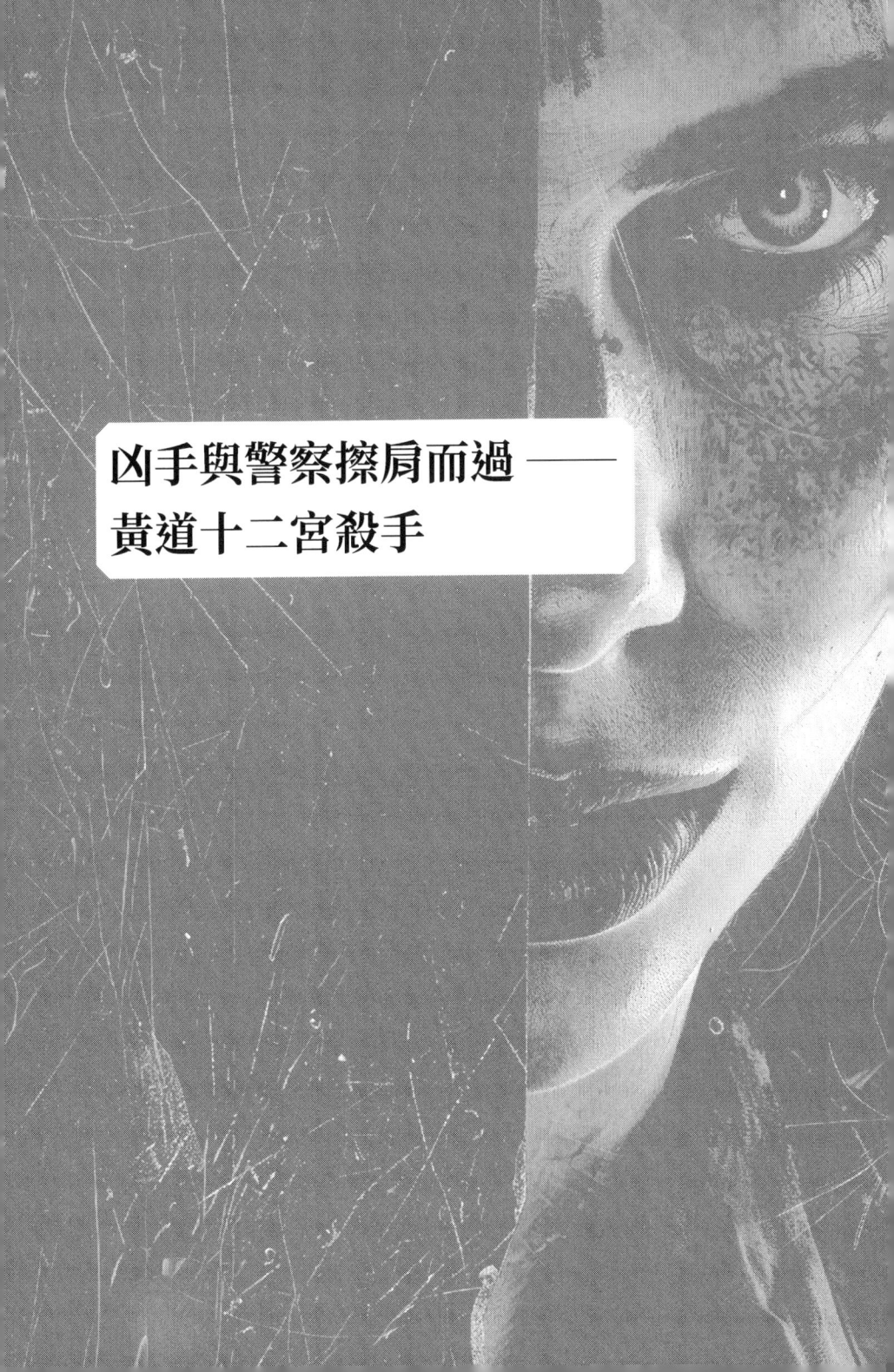

凶手與警察擦肩而過 ──
黃道十二宮殺手

凶手與警察擦肩而過—黃道十二宮殺手

1968年12月20日，美國加州貝尼西的巡警接到一名路人的報警，他在一條昏暗的路邊發現了一對男女躺在地上，旁邊是一輛滿是彈孔的汽車。案發地點是當地有名的赫曼湖路情人小徑，許多情侶都喜歡在這條小徑上約會。

巡警趕到後立刻對受傷的兩人進行了察看，其中女子早已沒了生命跡象，背部有數處彈孔，男子的頭部雖然中彈，但還有呼吸，巡警立刻將他送往醫院，途中男子漸漸失去了呼吸。

後經警方確認，被害人分別是16歲的貝蒂‧洛‧詹森（Betty Lou Jensen）和17歲的大衛‧亞瑟‧法戴爾（David Arthur Faraday），兩人都是學生，因互有好感便來情人小徑進行第一次約會。而那輛滿是彈孔的汽車的主人是大衛的母親，他開車載著貝蒂來到赫曼湖路後不久，就有一輛車停在了旁邊，車上走下一名持槍男子，在他的威脅下，兩人只能下車。一下車，男子就給了大衛頭部一槍，貝蒂嚇壞了，一邊尖叫著一邊逃跑，男子朝著她的後背開了數槍後，貝蒂當場死亡。

1969年7月4日深夜，警方接到一通神祕的報警電話，電話是從付費電話亭打來的，他說要報告一起雙重謀殺案，赫爾曼湖路附近的球場發生了槍殺案，死者是一男一女，而他則是凶手，而且他還說之前赫爾曼湖路情人小徑槍殺案的凶手也是他。警方立刻聯絡醫院趕往案發現場對兩名死者進

行搶救，男子經過搶救活了下來，女子卻死了。

倖存男子名叫麥可·雷諾·馬喬（Michael Renault Mageau），是個 19 歲的年輕人。遇害女子名叫達琳·伊莉莎白·菲林（Darlene Elizabeth Ferrin），在一家餐廳當服務員。案發當晚，達琳邀請麥可一起去購買開派對使用的煙火，麥可對漂亮的達琳頗有好感，立刻答應了她。

當達琳將車停在高爾夫球場時，一輛車立刻停在了他們旁邊，車主又迅速地開走了。十分鐘後，這輛車又開了回來，並停在了達琳汽車的後面。車上走下一名男子，他手裡拿著一個手電筒和一把手槍，男子朝著麥可的副駕駛方向走去。當時麥可以為男子是個警察，就交代達琳將證件準備好。

就在此時，男子用手電筒照了照兩人的臉部，趁著兩人因強光照射短暫失明的空檔，他對著兩人開了好幾槍。其中達琳的雙臂、肺部和左心室都被擊中，麥可的面部、左腿、右臂和頸部被擊中，擊中他面部的子彈，先是射進了他的左臉頰，然後又從左臉穿出，在他的下顎骨和舌頭上留下了一個彈孔。麥可沒有被擊中要害，因劇烈的痛苦不斷呻吟，男子似乎聽到了麥可的呻吟聲，就回去補射了幾槍，然後開車離開。

1969 年 8 月 1 日，《舊金山紀事報》、《舊金山觀察報》和《瓦列霍先驅報》等重要報紙各自收到了一封自稱「黃道十二

凶手與警察擦肩而過─黃道十二宮殺手

宮殺手」的來信。這些信件的內容大致相同，信中凶手以黃道十二宮殺手自稱，他聲稱自己得為兩起槍擊案負責，為了證明自己就是凶手，他還提到了一些案發現場的細節。除了這些外，剩下的內容全部由密碼式的字元組成。最後黃道十二宮殺手威脅報社將自己的信件內容刊登在每份報紙的頭版頭條，否則他會大開殺戒。

報社將信件交給了警方，警方隨後找到了一名業餘密碼研究者唐納德，讓他試著破譯密碼信。唐納德的破譯內容如下：

「對我來說，殺人是一種非常有趣的遊戲，比在森林裡獵殺野生動物有趣多了，因為人類是所有動物中最有威脅的。殺戮能帶給我意想不到的巨大快感，比我在一個女人身上發洩性慾更興奮、更痛快。我死之後，我會在天堂重獲新生，那時被我殺死的人就會成為我的奴隸，你們永遠也不可能抓住我，否則你們就會阻止我收集死後的奴隸。」

1969 年 9 月 27 日，舊金山伯耶薩湖附近公路的巡警在巡邏時發現了渾身是血的一男一女，他們身上的刀傷看起來很嚴重，需要急救。但附近沒有醫院，兩個多小時後兩名傷者才被送往醫院，其中女子在途中陷入了昏迷，再也沒有醒來。

死去的女子名叫西西莉亞．安．雪柏（Cecelia Ann Shepard），倖存男子名叫布萊恩．卡爾文．哈特奈爾（Bryan Calvin Hartnell），兩人是一對大學校園情侶，9月27日這天是週六，兩人在校園裡閒逛了一會兒後就商量著在午飯後去舊金山的伯耶薩湖遊玩。

下午 4 點多，布萊恩和西西莉亞駕車來到伯耶薩湖，並在附近找了一塊適合野炊的地方安定下來。這時，一名頭戴蒙面頭罩、墨鏡的男子出現了，他拿著一把槍威脅布萊恩和西西莉亞。他自稱是蒙大拿監獄的逃犯，他說監獄裡的獄警總找自己的麻煩，想要他承認一些謀殺案，他實在忍無可忍，就殺了一個獄警，偷走了一輛車來到了伯耶薩湖。蒙面男子還說，他只需要一些錢和一輛車，然後逃到墨西哥去。

蒙面男子的這番話立刻讓布萊恩和西西莉亞放鬆了警惕，認為他只是一個普通的搶劫犯，只要他們乖乖配合，人身安全就能得到保證。於是布萊恩和西西莉亞開始討好蒙面男子，小心翼翼地回答問題，當男子下令讓西西莉亞用繩子綁住布萊恩時，西西莉亞立刻照做了。

西西莉亞在捆綁布萊恩的手腳時故意打了幾個容易掙脫的活結，但她的小動作沒能瞞過蒙面男子，男子將西西莉亞捆綁住後，就緊了緊布萊恩手腳上的繩子。一會兒，男子突然以非常詭異的口吻對他們說：「現在，我想用刀捅你們。」說完，男子立刻拿出一把剪刀向西西莉亞和布萊恩捅去，布萊恩身中 6 刀，西西莉亞身中 24 刀。之後，蒙面男子將錢和車鑰匙扔到他們面前後往停車道走去，他沒有馬上離開，而

凶手與警察擦肩而過—黃道十二宮殺手

是用一枝黑色軟筆在布萊恩的汽車上畫下了一個交叉循環的標誌，並留下了一些文字和數字。

布萊恩和西西莉亞雖然身受重傷，但卻意識清醒，他們開始自救。布萊恩先用牙齒咬開了西西莉亞雙手上的繩子，然後西西莉亞解開了布萊恩雙手、雙腳上的繩子，兩人來到公路上後遇到了一名巡警。

案發的當天晚上，納巴縣警察局接到一通匿名報警電話，報警者說他就是凶手，他還提供了案發地以及留在布萊恩汽車上的符號。說完，報警者就結束通話了電話。警方根據電話追蹤到了一處電話亭，這裡距離警察局只有幾個街區，距離案發現場也只有 27 英里（約 43.45 公里）。隨後警方從電話聽筒上提取了一枚指紋，但與任何嫌疑人都不匹配。

1969 年 10 月 11 日晚上，舊金山市區的警方接到報案，3 個孩子親眼看到一名男子在櫻桃街槍殺了一名計程車司機，然後朝著普瑞斯蒂奧區北邊的一個街區走去。警察丹福克和艾瑞克澤姆接到無線電緊急調遣後立刻趕到了櫻桃街。

途中，丹福克遇到一名可疑的白人男子，男子正沿著一條人行道向北邊走去。當時丹福克並未懷疑他，因為他接到的調遣命令說嫌疑人是一名黑人男子。等丹福克從 3 名目擊者那裡得知嫌疑人是個白人男子時，立刻想起了那名與他擦肩而過的男子，當他去找的時候，男子早已消失了。

被害人是計程車司機保羅·李·史坦恩（Paul Lee Stine），頭部有一處致命槍傷。根據案發現場和 3 名目擊者的證詞警方推斷，凶手以乘客的身分乘坐計程車時，突然朝著保羅的頭部開了一槍。隨後，凶手開始清理案發現場，他撕下保羅襯衫的一角，用它仔細地擦拭了駕駛座的車門、門把手、車外的後視鏡、左側的乘客座車門以及儀表板的周圍。

根據 3 名目擊者的描述，警方的人像專家畫出了犯罪嫌疑人的相貌，並刊登在報紙上。在之後的幾年內，舊金山的警方總共調查了 2,500 多個犯罪嫌疑人，但並未找到凶手。

1969 年 10 月 14 日，《舊金山紀事報》收到了凶手的來信，他自稱是黃道十二宮殺手，計程車司機保羅就是他殺死的，在信中凶手還狠狠地羞辱了警方，他說自己當時和一名警察擦肩而過，但當時警察卻並未對他進行搜查。他還說，警察永遠不可能將他抓捕，因為他聰明絕頂，警察只是一群無用的傻瓜。為了證明自己凶手的身分，寄信者還專門將保

凶手與警察擦肩而過—黃道十二宮殺手

羅那被血染的襯衫一角裝到了信封中。

11月分,《舊金山紀事報》再次收到黃道十二宮殺手的來信。信中,黃道十二宮殺手威脅說要變成一個殺人機器,展開大規模的屠殺,他的首選目標就是校車,他只要將校車的前輪打痺了,受驚的學生們就會從校車裡出來,這樣他就可以開槍一一進行射殺。

警方在看到這封信後,立刻派警力對校車進行保護。為了盡快消除大眾對黃道十二宮殺手的恐慌,政府還特地派代表公開發表宣告,只要黃道十二宮殺手能主動自首,政府就能保障他的合法權益不會受損。

黃道十二宮殺手並未對校車展開襲擊,而是寄了一封信給警方。在信中,黃道十二宮殺手再次公開羞辱警方,他覺得警方居然愚蠢到相信他會按照計畫去襲擊校車。他表示如果自己真的想製造大規模恐慌事件,完全可以去炸毀公共設施,例如將一包硝酸銨肥料、一加侖燃料油和幾袋碎石子倒在地上點燃,那麼任何過往車輛都會被炸毀。黃道十二宮殺手還提醒警察,不要去查硝酸銨肥料等物的製造商,因為想要購買這些物品簡直太容易了,露天的集市上就有售賣的。

從此以後,黃道十二宮殺手就銷聲匿跡了,他不再作案,也沒有寄信給報社。但黃道十二宮殺手並未完全離開人們的生活,開始有許多人冒充黃道十二宮殺手和警方聯絡,發生了許多鬧劇。

作為一個公然羞辱警察的連環殺手,黃道十二宮殺手給大眾留下了十分深刻的印象,也成了許多連環殺手的榜樣和偶像,有些人會效仿黃道十二宮殺手作案。而警方和媒體則將黃道十二宮殺手當成衡量連環殺手的標竿,每當有相似的案件發生時,警方總會聯想起黃道十二宮殺手,並將兩者進行比較。

漸漸地,黃道十二宮系列殺人案擱置起來,舊金山的警方負責人約翰·亨尼西表示,警方每天要處理的案件太多,巨大的工作量使得警方只能暫時放棄對此案的調查,有效地利用資源處理緊急案件。

2008年9月,在黃道十二宮殺手沉寂了40年後,美國聯邦調查局接到了一名男子的電話,男子名叫丹尼斯·考夫曼(Dennis Kaufman),來自加州波洛克派恩斯市,他向FBI提供了一個黃道十二宮連環殺手的重要嫌疑人,即他的繼父傑克·塔蘭斯(Jack Tarrance),塔蘭斯在丹尼斯5歲時成了他的繼父,已經在2006年去世。

塔蘭斯去世後,丹尼斯發現了一個公共儲物箱,裡面是塔蘭斯留下的遺物。丹尼斯開啟箱子後發現了許多和黃道十二宮殺手有關的物品,例如許多死屍的照片、一把帶血跡的匕首,還有和黃道十二宮殺手字跡十分相似的親筆便條。看著這些遺物時,丹尼斯開始意識到他的繼父極有可能就是黃道十二宮殺手,他表示:「當我看到這些物品的時候,恐懼

極了，我的心彷彿都停止了跳動！」丹尼斯還想起了十多年前去世的母親，他母親因不明原因的窒息而死。丹尼斯還回憶起當時母親曾告訴他，塔蘭斯試圖謀殺她，當時丹尼斯並未在意，現在回想起來終於明白了母親當時是多麼恐懼。丹尼斯堅信塔蘭斯就是黃道十二宮殺手，而他的母親則是一名被害人。

此外，塔蘭斯還留下了許多關鍵證物，例如一盤錄音帶，他親口承認自己就是黃道十二宮殺手。還有一條黑色頭巾，上面有一個著名的「十二宮」符號，當年的一起謀殺案中，凶手就戴了一條這樣的頭巾。

2008年9月2日，FBI公開宣布對丹尼斯所提供的證物展開調查。之後FBI宣布了DNA的檢測結果——尚無定論。丹尼斯的說法一直備受質疑，他雖然將死屍的照片傳到了自己的個人網站上，但網友發現這些照片看起來很模糊，無法作為有力的證據。後來丹尼斯的助手又公開表示，她在比對過塔蘭斯和黃道十二宮殺手的筆跡後發現兩者相匹配。不過這一結論遭到FBI的否定，FBI針對筆跡檢驗得出的結論仍舊是尚無定論。

【遊戲心態】

黃道十二宮系列殺人案有一個十分顯著的特點,即凶手會主動報警並寫信給報社,還會威脅報社將自己的信件刊登在頭版頭條上。對於凶手來說,殺人是一種遊戲,他能從中獲得支配、控制他人生命的滿足感。而與警方周旋也是一種遊戲,他能從中感覺到自己占據主導地位,警察則被動地在眾多嫌疑人中尋找凶手。

犯罪心理專家認為,黃道十二宮殺手看起來和正常人無異,在社會中處於較為弱勢的地位,因為現實生活中的不如意,讓他總處於挫敗感之中,無法獲得滿足感,更無法控制和支配他人,因此凶手才會開槍射殺無辜者,當他感覺自己掌握著一個人的生殺大權時,他會覺得自己處於優勢地位。每當警方將他的殺人過程說得很容易時,他就會很憤怒,因為這樣就無法展現他的優勢。

每個人都需要一定的控制感和支配感,不然就會陷入憂鬱之中。不過透過殺人來獲得控制感和支配感,並非正常人所擁有的思維。黃道十二宮系列殺人案的突然停止與許多連環殺人案明顯不同,因為其他的連環殺手通常只面臨著兩種下場:要麼瘋狂作案,露出破綻被警方逮捕,要麼自殺。黃

道十二宮殺手或許突然對殺人、與警方周旋失去了興趣,然後就突然停止了殺人。反社會人格者有時會對某件事產生極大的熱情,但這種熱情也會突然沒理由地消失。

被迫成為業餘偵探的妓女 ── 長島殺手

被迫成為業餘偵探的妓女—長島殺手

2010 年年底,當人們都在慶祝聖誕節的時候,長島警方在薩福克郡海洋公園大道的灌木叢中發現了 4 具屍體。警方懷疑這 4 名被害人是被同一個人殺害的,因為屍體的處理方式如出一轍:死者被勒死後裝進麻袋,並在位於公路幹道附近的灌木叢中棄屍。這是一次意外發現,長島警方當時只是在搜索失蹤人員。由於天氣原因,警方無法繼續搜索,只能將搜索工作延到第二年。

2011 年 1 月,警方在民眾的幫助下終於確認了 4 具屍體的身分。她們的年齡在 20 歲到 30 歲之間,生前都是性工作者,從網路上尋找嫖客。其中一名被害人名叫安波琳恩·科斯特洛(Amber Lynn Costello),在 2010 年 9 月 2 日晚上失蹤。

科斯特洛在 2010 年 6 月前來到紐約,之前她在佛羅里達州當服務員,有時也會在網路上做應召女郎。由於在當地負債累累,科斯特洛才來紐約投奔姐姐。

科斯特洛在紐約和戴夫·沙勒住在一起。根據沙勒的回憶,在科斯特洛失蹤的當天晚上,她接到了一通陌生電話。沙勒猜測打電話的應該是嫖客,他聽到科斯特洛在和對方討價還價,並最終敲定了價格。沙勒說,對方打了三四通電話,最後一個電話打來的時間應該是晚上十點半左右。科斯特洛在接了電話後,穿了一件粉紅色連帽衫和牛仔褲就出門了。從那以後,科斯特洛再也沒有回來。沙勒曾聯絡到科斯特洛的姐姐,告訴她科斯特洛失蹤了好幾天,但她似乎毫不

在意，直到科斯特洛的屍體被警方發現。

沙勒認為，科斯特洛雖然身材嬌小，卻是個膽子很大的女人，她從來不擔心自己會發生意外，她認為自己堅不可摧。

2011年3月底，島上的積雪漸漸融化，警方隨後展開了進一步的搜查工作。半個月不到，警方就在薩福克和拿騷兩地接連發現了6具屍體。這6具屍體與之前首次發現的4具屍體不同，被害人的屍體被凶手肢解了，被害人的死亡時間也更早。凶手這麼做似乎是為了隱藏被害人的身分，例如有些被害人身上有刺青，凶手就剝去了刺青。

被發現的屍體數量越來越多，薩福克警方為了盡快破案，就將懸賞金額從5,000美元提高到了25,000美元，這在當地是有史以來的最高懸賞金額。警方也因此接到了民眾傳來的數千條訊息。

許多犯罪學專家也十分關注這10起命案，大多數專家認為儘管不能排除同一凶手作案的可能，但這10起命案至少是兩名凶手所為。FBI犯罪心理側寫專家詹姆斯·克萊門特儘管已經退休，仍然十分重視這10起命案，並對凶手進行了心理側寫。

凶手的拋屍地點相當固定，這說明他對長島瓊斯海灘，尤其是海洋公園大道一帶的環境相當熟悉，他很可能是長島本地居民，凶手為25歲至45歲的白人男性，有良好的教育

被迫成為業餘偵探的妓女—長島殺手

背景，口齒清晰，已婚或有伴侶，收入穩定，使用上等車。

調查人員根據對案發現場的分析發現，屍體發現地有許多毒葛，凶手很可能被刮傷感染過，應該去醫院接受過治療。此外，前4名被害人都是在夏季失蹤的，失蹤的時間分別是2007年、2009年和2010年的夏季。顯然，凶手在夏季這段時間內很自由，他可以與家人分開並能單獨行動。

警方發現了凶手的一個代表性符號，即麻袋，他將被害人的屍體裝進了麻袋。在當地，麻袋這種東西並不常見。相比較而言，塑膠袋更常見，不會輕易被警方追蹤到。警方猜測，凶手是在故意使用麻袋，他或許有一種犯罪情結。

不少連環殺手都有屬於自己的代表性符號，例如華盛頓州的蓋瑞‧利奇威（Gary Ridgway）通常選擇在綠河沿岸的淺處掩埋屍體；BTK殺手丹尼斯‧雷德（Dennis Rader）在作案時遵照捆綁、折磨、殺戮的固定程式。

由於被害人所從事的職業見不得光且違反法律，所以為警方的調查工作帶來了不少困難。被害人在網路上尋找嫖客時，通常不會使用真實姓名，例如科斯特洛所使用的名字就是卡羅萊娜，她們擔心使用真名會給自己帶來麻煩。與被害人相識的人大多也生活在社會邊緣，她們的家人通常不會主動報警。

警方從科斯特洛的鄰居、63歲的退休堆高機司機帕敏特

里那裡了解到，科斯特洛的私生活十分混亂，經常看到警察出入她的住所，她經常和許多人一起嗑藥，帕敏特里總會聽到科斯特洛的住所發出尖叫聲和吼叫聲。2010年7月的一天晚上10點，一名男子赤裸著身體從科斯特洛的住所跑出來，並跑到帕敏特里門前求救，他說有人要殺他。

　　警方也曾懷疑過是嫖客的報復行為。2010年7月11日，一名嫖客在一個性論壇上抱怨過一段糟糕的嫖妓經歷，他在與一個名叫卡羅萊娜的應召女郎進行交易的時候，突然遭到了幾名男子的搶劫。這個人在論壇上發表憤怒的文章後的第8個星期，科斯特洛就失蹤了。

　　在科斯特洛失蹤前，一名自稱是「義大利騎士」的嫖客曾要過卡羅萊娜的地址，說會找人收拾她。兩天後，「義大利騎士」聲稱，這個應召女郎消失了，再也不會有人聽到她的消息了。警方認為，這名應召女郎就是被害人科斯特洛。

　　2011年1月24日，薩福克郡警方公布了被害人的身分。一時間，那個網站論壇上的人都在談論應召女郎遇害案。那名曾經發文的人表示，他雖然因為被應召女郎欺騙憤怒不已，但並不想殺死她。

　　警方從被害人家屬那裡了解到，凶手曾主動與他們取得聯絡。2009年7～8月分，莫麗莎‧巴特勒米（Melissa Barthelemy）的家人曾接到過一通陌生男人的電話，對方先是惡

被迫成為業餘偵探的妓女—長島殺手

狠狠地指責莫麗莎是個放蕩的妓女,然後說自己在與莫麗莎發生性關係後殺死了她。當時莫麗莎已經失蹤了。

凶手具有一定的反偵查意識,他在與被害人家屬聯絡的時候,會將通話時間嚴格控制在 3 分鐘內,這樣警方就無法追查到訊號的具體來源。為此,有些媒體猜測凶手很有可能是一名警察,對刑事偵查技術非常熟悉。

長島海灘連環命案的消息一經公布,立刻讓紐約的妓女們恐懼不已,她們擔心自己會像那些被害人一樣被殺死,在賣淫的時候更加小心翼翼,猶如驚弓之鳥。

賣淫業的老闆則利用這個機會加強對妓女們的控制,老鴇會警告妓女不要單獨出去尋找嫖客,那些被殺死的妓女都是「拉私活」的時候喪命,因為她們沒有將自己的去向告訴別人,就算失蹤了也沒人知道。

一位父親則希望自己 23 歲的女兒能因此走上正軌,希望她能因恐懼放棄賣淫,回去上學。他對女兒說,不希望她落得喪命的下場。

不少妓女開始重新考慮自己的職業,妓女們也開始變得更加謹慎,簡直成了業餘偵探。警方因此得到了許多妓女提供的線索。

前 FBI 特務瑪麗·奧圖爾認為,殺手嫖客並非嫖一個殺一個,有些妓女雖然曾為殺手嫖客提供過性服務,但並未喪

命。有些妓女很聰明、謹慎，十分懂得保護自己的人身安全。例如在對待街頭嫖客時，她不允許嫖客將自己帶到距離見面地點 3 個街區以外的地方；當她上了嫖客的車後，會將車牌號發給同夥或老鴇。在面對旅館嫖客時，她會要求嫖客提供個人資訊，而且要求嫖客說出自己曾經嫖過的妓女，並讓那個妓女當介紹人。

後來，美國聯邦調查局也介入長島連環殺人案的調查中，並派出配有高科技監視裝置的飛機來協助案件調查。這些飛機被用來搜索更多的被害人，對長島以南長約 24 公里的海洋公園大道進行了搜索。此外，志工和更多的警察也加入了搜索隊伍中。但這起長島連環殺人案仍然成了一樁懸案。

被迫成為業餘偵探的妓女─長島殺手

【被忽視的妓女】

這不是長島發生的第一起連環殺人案，不少當地居民都回想起了 1990 年代初長島出現的兩名連環殺手——喬·里夫金（Joel Rifkin）和羅伯特·舒曼（Robert Yale Shulman）。里夫金是一名綠化工，在 1989 年至 1993 年間殺死了 17 名妓女，最終被判處 203 年監禁。舒爾曼是一名郵差，在 1991 年至 1996 年間殺死了 5 名妓女，並將她們的屍體肢解。

為什麼長島會接二連三出現連環殺人案呢？難道只是偶然的地理分布嗎？紐澤西州杜爾大學的社會學研究者史考特·伯恩認為，長島之所以會容易出現連環殺人案，是因為該地區人口密度較大，拿騷郡和薩福克郡共有 280 萬居民，便於連環殺手選擇目標。與人口稀少的偏遠地區相比，人口密集區域更容易為連環殺手提供獵物，所發生的罪案數量也會更多。

1990 年代後，美國加強了執法力度，連環殺手的整體數量因此降低，但妓女成為被害對象的比例卻從 34% 上升到了 89%。在洛杉磯南區和長島所發生的連環殺人案中，被害對象基本上都是妓女。

對於連環殺手為什麼會選擇妓女，綠河殺手利奇威和里

夫金做出了回答。利奇威在受審的時候說，他會選擇妓女下手，是因為妓女的失蹤和死亡不容易被發現，沒有人會因為一個妓女的失蹤而去報案，這樣一來他想殺多少人都行，不用擔心被抓到。里夫金在接受司法心理學家貝里爾的探視時說，當被害人是一名妓女時，這起命案通常不會被重視，最後的結果就是不了了之。

紐約警察局凶殺組前任指揮官威農・賈伯斯將長島連環殺人案的原因歸結於流行文化的影響，他覺得媒體對連環殺手的大肆報導，讓連環殺手擁有了明星般的光環，一些人會因此效仿連環殺手。例如連環殺手里夫金就十分崇拜綠河殺手利奇威，他在閱讀了和利奇威相關的報導後，就對連環殺手充滿了興趣。起初里夫金只是尋找一些和連環殺手相關的新聞來閱讀，漸漸地他開始不滿足於閱讀，他想成為像利奇威一樣的連環殺手。這是一種十分可怕、變態的想法，當他再也壓抑不住這種想法時，他就會開始殺人。

凶手在殺人後通常會避免過多地與外界環境接觸，更別說主動與被害人家屬聯絡了。但長島殺手卻與眾不同，他曾7次用被害人的手機與其家屬通話。雖然整個通話過程十分短暫，但家屬還是能感覺到凶手所表露出的嘲諷和優越感。顯然，長島殺手的作案動機並非為了報復或者洩憤，只是為了從他人的痛苦中尋找快樂。

國家圖書館出版品預行編目資料

罪惡雙簧，夫妻檔與女殺手的案件解謎：10 起雙人行凶 ×7 位殘暴惡女 ×2 樁未解懸案，從搭檔身上找到歸屬感，支撐她們踏上謀殺的不歸路 / 凝視深淵 著 . -- 第一版 . -- 臺北市：樂律文化事業有限公司 , 2024.08
面； 公分
POD 版
ISBN 978-626-7552-09-4(平裝)
1.CST: 罪犯 2.CST: 犯罪行為 3.CST: 犯罪心理
548.52　　113011338

電子書購買

爽讀 APP

罪惡雙簧，夫妻檔與女殺手的案件解謎：10 起雙人行凶 ×7 位殘暴惡女 ×2 樁未解懸案，從搭檔身上找到歸屬感，支撐她們踏上謀殺的不歸路

臉書

作　者：凝視深淵
責任編輯：高惠娟
發 行 人：黃振庭
出 版 者：樂律文化事業有限公司
發 行 者：崧博出版事業有限公司
E - m a i l：sonbookservice@gmail.com
粉 絲 頁：https://www.facebook.com/sonbookss/
網　　址：https://sonbook.net/
地　　址：台北市中正區重慶南路一段 61 號 8 樓
8F., No.61, Sec. 1, Chongqing S. Rd., Zhongzheng Dist., Taipei City 700, Taiwan
電　　話：(02) 2370-3310　　傳　　真：(02) 2388-1990
律師顧問：廣華律師事務所 張珮琦律師
定　　價：350 元
發行日期：2024 年 08 月第一版
◎本書以 POD 印製
Design Assets from Freepik.com